Das Buch

»Ich bin stolz darauf, in der Tradition verhaftet zu sein, auch wenn ich durchaus imstande bin, mich neuen Gegebenheiten anzupassen, und mich im Laufe meines Lebens verändert habe.«

Als Tochter einfacher Bauern wuchs Diki Tsering mit dem für ihre Zeit alltäglichen Wunsch auf, eine hart arbeitende Hausfrau und Mutter zu werden. Doch das Schicksal wollte es anders: Eines Tages klopften die höchsten tibetischen Regierungsbeamten an ihre Tür – und erkannten in ihrem Sohn Lhamo Dhondup den vierzehnten Dalai Lama. Plötzlich wurde sie als »Große Mutter« von den Tibetern geliebt und verehrt. Diki Tsering erzählt von ihrer glücklichen Kindheit im Schoß der Großfamilie, von ihrer arrangierten Heirat, ihren Jahren in der heiligen Stadt Lhasa bis zur chinesischen Invasion in Tibet und der Flucht ihrer Familie ins Exil. Zugleich gibt sie einen bewegenden Einblick in die Familiengeschichte, die Kindheit und die ersten Amtsjahre Seiner Heiligkeit, des Dalai Lama.

Der Herausgeber

Khedroob Thondup ist Diki Tserings Enkel und der Neffe des Dalai Lama. Er war früher der persönliche Assistent Seiner Heiligkeit und hat ihn auf vielen seiner Reisen begleitet. Heute steht er dem Tibetan Refugian Self Help Centre in Darjeeling vor und ist gewähltes Mitglied der tibetischen Exilregierung

Diki Tsering

MEIN SOHN, DER DALAI LAMA

Die »heilige Mutter« erzählt

Herausgegeben
von Khedroob Thondup

Mit einem Vorwort
von Heinrich Harrer

Aus dem Amerikanischen
von Susanne Naumann und Sieglinde Denzel

Ullstein

Ullstein Taschenbuchverlag
Der Ullstein Taschenbuchverlag ist ein Unternehmen der
Econ Ullstein List Verlag GmbH & Co. KG, München
Deutsche Erstausgabe
1. Auflage 2001
© 2001 für die deutsche Ausgabe by Econ Ullstein List Verlag
GmbH & Co. KG, München
© 2000 by Khedroob Thondup
Titel der amerikanischen Originalausgabe: Dalai Lama, my son
(Viking Arkana/Penguin Putnam Inc., New York)
Dieses Werk wurde vermittelt durch die Literarische Agentur
Thomas Schlück GmbH, Garbsen.
Die Fotos des Bildteils wurden freundlicherweise von
Khedroob Thondup zur Verfügung gestellt. Die Abbildung auf Seite 6
stammt aus dem Privatarchiv von Heinrich Harrer und wurde seinem
Buch »Erinnerungen an Tibet«, Ullstein Verlag 1993, entnommen.
Die Landkarte ist von Jeffrey L. Ward.
Übersetzung: Susanne Naumann und Sieglinde Denzel
Redaktion: Gabi Banas
Umschlagkonzept: Lohmüller Werbeagentur GmbH & Co. KG, Berlin
Umschlaggestaltung: DYADEsign, Düsseldorf
Titelabbildung: Diki Tsering: Khedroob Thondup / Dalai Lama und
Hintergrund: Galen Rowell / Mountain Light
Gesetzt aus der Goudy
Satz: Josefine Urban – KompetenzCenter, Düsseldorf
Druck und Bindearbeiten: Ebner Ulm
Printed in Germany
ISBN 3-548-36278-8

Dieses Buch ist dem tibetischen Volk gewidmet,
das noch immer schwer unter der chinesischen Herrschaft
leidet. Weiterhin ist es dem Andenken meiner Schwester
Yangzom Doma gewidmet, die alle diese Geschichten
gesammelt und aufgezeichnet hat, und dem Andenken
meiner Mutter, die meine Schwester zu diesem
ungewöhnlichen Projekt ermunterte.

»Gyayum Chenmo, *die Mutter des Dalai Lama, war eine ungewöhn-
lich beeindruckende Frau.*« Heinrich Harrer

Inhalt

I. Tochter von Bauern

II. Mutter des Erbarmens

Vorwort

Bei Ausbruch des Zweiten Weltkrieges befand ich mich auf einer Bergsteiger-Expedition in Indien. Da ich als Österreicher Staatsbürger des Deutschen Reiches war, brachten mich die Briten in ein Internierungslager. Doch zusammen mit meinem Bergsteigergefährten Peter Aufschnaiter gelang mir 1944 die Flucht. Fast zwei Jahre lang kämpften wir uns quer durch Tibet, überquerten 65 Bergpässe, bis endlich die heilige Stadt Lhasa strahlend vor uns lag.

Sofort nach unserer Ankunft wurden wir im Haus eines Adligen namens Thangme, der sich unser freundlich angenommen hatte, unter eine Art Hausarrest gestellt. Welch Überraschung, als nach nur wenigen Tagen zwei ältere Brüder des Dalai Lama erschienen und uns eine Einladung in das Elternhaus Seiner Heiligkeit überbrachten. Wir sollten gleich mitkommen. Doch wir entgegneten, es sei uns nicht gestattet, das Haus zu verlassen. Als wir Rat bei unserem Gastgeber Thangme suchten, war er entsetzt über unsere Bedenken: Wer von der Familie des Dalai Lama gerufen wird, hat diesem Wunsch unverzüglich Folge zu leisten!

Also betraten wir zum ersten Mal wieder die Straßen von Lhasa und standen alsbald vor einem großen Tor. Von einem Wächter wurden wir durch einen großen Garten zum Palast geführt, wo uns die Mutter des Gottkönigs, eine imposante Frauengestalt voll Adel und Würde, auf einem kleinen Thron empfing. Sie lächelte uns freundlich entgegen und war sichtlich erfreut, als wir uns verbeugten und ihr mit weit ausgestreckten Armen weiße Schleifen zur Begrüßung übergaben. Entgegen der tibetischen Sitte reichte sie uns die Hand und strahlte über ihr ganzes gutmütiges Gesicht. Dann setzten wir uns alle zum Tee, Diener kamen und gingen, schenkten ein, erst dem Vater, einem stattlichen älteren Mann, der nun auch den Raum betreten hatte, dann der Mutter und zuletzt uns. Interessiert erkundigten wir uns nach dem Tee und seiner Zubereitungsart – und der Bann war gebrochen. Beide erzählten uns von ihrer Heimat Amdo, ihrem Leben als einfache Bauern mit einer kleinen Wirtschaft, bevor ihr jüngster Sohn als Inkarnation des Dalai Lama erkannt worden war. Während die Unterhaltung mehr und mehr in Fluss kam, beobachteten wir unsere Gastgeberin aufmerksam: Ihre einfache Herkunft verriet sich in einer sympathischen Natürlichkeit und edlen Schlichtheit. Es war ein gewaltiger Sprung gewesen aus dem kleinen Bauernhaus in den Herzogsstand nach Lhasa. Jetzt lebte sie in einem Palast mit weiten Landgütern und zahlreichen Dienern. Dennoch war ihr der Reichtum und der Ruhm als Gottmutter nicht zu Kopf gestiegen.

Nach und nach wurde uns klar, welche Auszeichnung diese Einladung für uns bedeutete. Man darf nicht vergessen, dass in ganz Tibet außer dieser Familie niemand das Recht hat, den jungen Gottkönig anzusprechen. Und dennoch hatte er in seiner weltfernen Isoliertheit Anteil an unserem Schicksal genommen und seine Eltern gebeten, uns einzuladen.

Dieser Besuch war der Beginn eines herzlichen Kontakts mit dieser schlichten und klugen Frau. Unsere Freundschaft, die bis zu ihrem Tod 35 Jahre später währte, hatte freilich nichts mit der übersinnlichen Verehrung zu tun, mit der die »heilige Mutter« sonst umgeben war. Aber zugleich konnte ich mich nicht der Macht der Persönlichkeit und des Glaubens verschließen, die von ihr ausstrahlte.

Im Laufe der Zeit wurde für mich sehr interessant, Mutter und Sohn beisammen zu sehen. Ich wusste, dass die Familie vom Augenblick der Erkennung des Knaben als Inkarnation keinen Anspruch mehr auf ihn hatte und in ihm wie alle anderen nur den Lebenden Buddha sehen durfte. Deshalb war ein Besuch der Mutter eine fast offizielle Angelegenheit, zu der sie ihr Festkleid mit allem Schmuck trug. Beim Abschied verbeugte sie sich und der Dalai Lama legte segnend die Hand auf ihr Haupt. In dieser Geste war das Verhältnis der beiden wohl am besten ausgedrückt: Nicht einmal die Mutter bekam den Segen mit beiden Händen, der nur Mönchen und hohen Beamten vorbehalten ist.

Oft habe ich auch erleben dürfen, wie sie sehr energisch für die Wünsche ihres Sohnes eintrat. Als liebende Mutter verstand sie die aufkeimende Freundschaft zwischen ihrem Sohn und mir und unterstützte meine häufigen Besuche im Sommergarten des Dalai Lama. Ganz im Gegensatz zu den persönlichen Äbten Seiner Heiligkeit. Die Mönche, die viel älter als er waren und Tibet nie in ihrem Leben verlassen hatten, äußerten ihre starken Bedenken gegen meine ständigen Besuche. Sie konnten keine Freude daran haben, dass ein Fremder ihrem heiligen Schützling ausländische Filme zeigte und Wissen und Kunde von der Welt brachte. Es gefiel ihnen auch nicht, dass das Lachen des Dalai Lama oft durch die Räume schallte. Doch die Gottmutter war gegenüber den Äbten resolut und übte keine Zurückhaltung, weil ihr nicht entgangen war, wie viel ihrem Sohn die gemeinsamen Stunden mit mir bedeuteten. Das Wohl ihres Sohnes war ihr das Wichtigste.

Auch hat sie mich sehr gescholten, als ich mich einmal um einige Minuten verspätete. Ihrer Mutterliebe war es nicht entgangen, wie oft der Dalai Lama auf die Uhr gesehen hatte, als ich nicht kam. Ich erklärte ihr zwar meine Verspätung und konnte sie auch davon überzeugen, dass ich es nicht aus Leichtfertigkeit getan hatte, aber sie bat mich nur, nie zu vergessen, wie wenig an selbst gewählter Freude das Leben ihrem Sohn bot.

Trotz schwerer Zeiten, die die »Große Mutter« während ihrer Flucht vor den Rotchinesen aus Tibet durchmachen musste, strahlte sie immer die natürliche Würde einer ehemaligen Bauersfrau aus. Obwohl sie nicht mehr die Jüngste war und das Recht auf eine Sänfte gehabt hätte, ritt sie wie die anderen die langen Tagesstrecken. Glücklich und zufrieden wie in Lhasa wurde sie erst wieder in Dharamsala, wo ich sie einmal besuchte. Ihr geliebter Sohn, der Dalai Lama, war endlich in Sicherheit und eine große Schar Enkelkinder wohnte bei ihr, um die sie sich kümmern konnte.

Als ich eine Biographie über ihren ältesten Sohn Norbus verfasste und sie um einige Informationen bat, fragte sie mich spontan, warum ich nicht auch über ihr Leben schreiben würde. Umso mehr freue ich mich jetzt, dass Diki Tsering ihre Lebensgeschichte nun mit ihren eigenen Worten erzählt. Denn das Leben einer solch außergewöhnlichen Frau kann nur faszinierend sein. Sie brachte insgesamt vierzehn Kinder zur Welt, von denen sieben überlebten. Drei Inkarnationen, darunter dem vierzehnten Dalai Lama, heute Lehrer und Vorbild für die freie Welt, schenkte sie das Leben: Ihr ältester Sohn wurde als Buddha erkannt und bekleidete die Würde des Lama im Kloster Tagtshel. Später wurde auch noch ihr jüngster Sohn als Wiedergeburt des Ngari Rimpotsche entdeckt. Somit ist die »Große Mutter« eine einmalige Erscheinung im buddhistischen Leben.

Heinrich Harrer
im Juli 2001

Einleitung
Erinnerungen an meine Großmutter

Meine erste Erinnerung an meine Großmutter reicht in das Jahr 1959 zurück. Ich war damals sieben Jahre alt und besuchte das St.-Josephs-College, eine Jesuitenschule in Darjeeling in Indien. Eines Tages ließ mich der Rektor der Schule, Pater Stanford, in sein Büro rufen. »Mein Junge«, sagte er, »heute ist ein denkwürdiger Tag. Deine Eltern möchten, dass du nach Hause kommst. Ihr sollt zum Bahnhof von Siliguri fahren und Seine Heiligkeit, den Dalai Lama, begrüßen, der auf seiner Reise durch dieses Gebiet kommen wird.« Da stieg zum ersten Mal eine Ahnung in mir auf, dass es mit meiner Familie eine besondere Bewandtnis hatte.

Am Bahnhof mussten wir uns den Weg durch die Menschenmenge bahnen, die herbeigeströmt war, um Seiner Heiligkeit ihre Ehrerbietung zu bezeugen und einen Blick auf den Mann zu erhaschen, der kurz zuvor aus Tibet geflohen war und in Indien Zuflucht gefunden hatte. Mir war zu diesem Zeitpunkt nur unklar bewusst, dass ich eine Rolle bei irgendetwas Wichtigem spielte. Alle diese Menschen feierten meinen Onkel, den ich bis dahin noch nie gesehen hatte, als lebenden Buddha.

Meine Großmutter nannten sie *Gyayum Chenmo*, große Mutter, und sie strahlte auch wirklich genau die Würde und Wärme aus, die zu diesem Namen passten.

Nach ihrer Flucht aus Tibet wohnte *Mola*, wie wir sie nannten, zunächst bei Seiner Heiligkeit in Mussoorie. (*Momo* bedeutet Großmutter, *la* ist ein Ehrentitel.) Später zog sie dann zu uns nach Darjeeling. An das ihr völlig fremde Leben in Indien passte sie sich mit jener unnachahmlichen Gelassenheit und Geduld an, die sie während ihres ganzen von tief greifenden Veränderungen und Einschnitten geprägten Lebens hindurch immer wieder getragen hatten. Dabei war ihr Sinnen und Trachten stets auf ein ganz klares Ziel gerichtet: ihre Kinder und Enkel zu lieben und zu umsorgen und ihnen eine gute Erziehung zuteil werden zu lassen. Inmitten von Krieg, Mühsal, Krankheit und Tod und ungeachtet politischer Wirren und unüberwindlich gewordener Grenzen war sie der Fels, an dem unsere ganze Familie Halt fand. Sie war der Hafen, in dem stets Geborgenheit und Liebe auf uns warteten.

Der Grundzug ihres Wesens war freundliche Gelassenheit. Zugleich war es ihr sehr wichtig, dass alle ihre Enkel eine gute Erziehung genossen. So bestand sie beispielsweise darauf, dass wir etwas »Anständiges« aßen, und das waren für sie Speisen aus der Region Amdo, wo sie von ihrer Mutter kochen gelernt hatte. Wir alle gingen bei ihr in die Lehre. Oft bereitete sie für Seine Heiligkeit bestimmte Gerichte zu und buk Brot für ihn. Auch seinen aus Zentraltibet stammenden Dienern brachte sie die Spezialitäten der Amdo-Küche bei. So kommt es, dass der vierzehnte Dalai Lama bis heute Mahlzeiten isst, die schon seine Mutter für ihn zubereitete, als er Kind war.

Großmutter war auch die Hüterin religiöser Traditionen und Feste in der Familie. Zu Neujahr ist es in Tibet üblich, seine schönsten neuen Kleider zu tragen. Als ich noch klein war, freute ich mich immer ganz besonders, wenn ich die wunderschönen brokatenen *chubas* anziehen durfte, die *Mola* uns aus Tibet schickte. Nach 1959 jedoch, als zahllose Flüchtlinge ohne Geld und ohne Habe aus Tibet nach Indien kamen, wies sie uns an, am Neujahrstag nicht unsere Prachtkleider anzuziehen – zum Gedenken an all diejenigen, die nichts hatten. Wir sollten irgendeinen kleinen Gegenstand tragen, der neu war, aber nicht in unseren Kleidern prunken.

Mein Vater, Gyalo Thondup, war nach dem Tod seines Vaters das Oberhaupt der Familie. Er spielte eine wichtige Rolle bei der Durchführung der Flucht Seiner Heiligkeit aus Tibet. Großmutter erzählte mir, dass nach meinem Vater mir die Aufgabe zufallen werde, den Familiennamen zu tragen, und sie prägte mir die Bedeutsamkeit dieser Verantwortung tief ein. All diese Traditionen gebe ich heute an meine Tochter weiter. Außenstehenden mögen sie vielleicht klein und unwesentlich erscheinen, doch in meinen Augen helfen solche Werte, sich zu einer starken, eigenständigen Persönlichkeit zu entwickeln.

Die liebevolle Fürsorge, die meine Großmutter ihrer Familie zuteil werden ließ, erwies sie auch Fremden –

ganz gleich, ob es Freunde, Regierungsbeamte oder einfache Leute waren. Wenn sie draußen vor dem Fenster einen ärmlich aussehenden Tibeter vorbeigehen sah, rief sie ihn grundsätzlich zu sich ins Haus. Sie schaute ihn eindringlich an und sagte: »Du siehst bekümmert aus. Was bedrückt dich?« In der Regel klagten die Gefragten, dass sie kein Geld hätten, und sofort drückte sie ihnen einige Münzen in die Hand.

Jeden Morgen in aller Frühe stellten sich Leute in einer Schlange an der Hintertür unseres Hauses auf und baten um Essen. Aus riesigen Kisten mit Reis und Weizen bekam jeder eine Schöpfkelle davon für den Tag. Die Anfangsjahre in Indien waren hart für die Menschen, und *Mola* half, wo immer sie konnte.

Damals war ein amerikanischer Regierungsbeamter unser nächster Nachbar. Ich traf ihn zufällig 1979 in den Vereinigten Staaten wieder, und er fing sofort an, von meiner Großmutter zu erzählen. Als seine Frau ihr erstes Kind geboren hatte, kochte *Mola* Hühnersuppe und ließ sie der Wöchnerin bringen. In Tibet wurde sehr auf die richtige Ernährung junger Mütter geachtet, besonders im ersten Monat nach der Geburt. Der Mann hat die großzügige Geste meiner Großmutter einer Frau gegenüber, die sie kaum kannte, nie vergessen.

Mola genoss allgemein großes Ansehen bei den Leuten, weil sie sich nie über oder unter jemand anderen stellte. Sie behandelte jeden Menschen, mit dem sie es zu tun hatte, mit Rücksicht und Respekt. Selbst ihre Dienstboten, die ja für sie arbeiten mussten, liebten sie. Statt einfach nur dazusitzen und Befehle zu erteilen, packte sie selbst tüchtig mit an und zeigte den Leuten, wie sie ihre Arbeit zu verrichten hatten.

Mola war eine zutiefst fromme Frau. Jeden Morgen sprach sie als Erstes ihre Gebete und brachte der Familiengottheit ein Opfer dar. Durch ihr Vorbild vermittelte sie uns die ersten, grundlegenden religiösen und ethischen Begriffe. Ich hatte zum Beispiel immer Aquarien und fütterte die Fische mit lebendigen Würmern. Als meine Großmutter dies einmal sah, war sie entsetzt und erklärte mir, es sei eine große Sünde, ein lebendiges Wesen ein anderes verschlingen zu lassen. Das beeindruckte mich sehr, so dass wir danach zu trocknem Fischfutter übergingen, um wenigstens nicht an der Tötung beteiligt zu sein.

Großmutter liebte meine Fische. Wir beobachteten sie oft miteinander und gaben ihnen Namen. Sie wies uns auf die unterschiedlichen Wesenseigenarten der Fische hin und zeigte uns, welche böse waren und welche freundlich. Viel von der Achtung vor dem Leben, die uns in Fleisch und Blut übergegangen ist, hat sie uns mitgegeben.

Von März bis November waren wir fort von zu Hause, im Internat. Danach übersiedelte die ganze Familie während der Winterferien nach Kalkutta. *Mola* war damals in den Sechzigern, dennoch war sie stets aufgeschlossen für alles Neue und ziemlich unternehmungslustig. Sie nahm uns mit zu Picknicks und zu den Verlockungen der indischen Imbissstände an der Straße. Ihre große Leidenschaft waren Filme und sie ging oft mit uns ins Kino. Am liebsten mochte sie indische

Filme mit viel Gesang und Geschluchze und großen Gefühlen. Die Dialoge waren natürlich in Hindi, sie konnte sie also nicht verstehen, doch sie ließ sich die Handlung von uns erklären. Sie war selbst eine große Geschichtenerzählerin und freute sich diebisch, wenn uns bei der Geschichte vom Katzengeist, der einer reichen Familie das Brot stahl und es einer armen Familie schenkte, angenehme Gruselschauer über den Rücken liefen. Einer ihrer Söhne, mein Onkel Norbu, war in die Vereinigten Staaten emigriert und lehrte an der Universität von Indiana. Als sie ihn einmal besuchte, schaute sie sich spätabends mit Genuss die Horrorfilme im Fernsehen an.

Wann immer mein Bruder und ich uns stritten, griff *Mola* schlichtend ein und entschied, wer von uns im Recht war. Wir respektierten ihren Urteilsspruch, weil sie immer gerecht war. Sie schrieb uns weder etwas vor, noch bat sie uns darum, ihr zuliebe etwas zu tun. Ihre Wärme und Zuneigung vermittelten uns ein Gefühl absoluter Sicherheit.

Ich erinnere mich noch gut an die geräumigen Schränke, in denen sie ihre Sachen aufbewahrte. Alles war sehr ordentlich, jedes Ding hatte seinen Platz. Tief in irgendeiner Schublade oder einem Fach dieser verlockenden Schatzkammern waren immer irgendwelche Süßigkeiten oder eine Leckerei für uns Enkelkinder versteckt. Wenn wir etwas haben wollten, baten wir sie darum, und sie war stets sehr großzügig.

Ich habe die große körperliche und geistige Kraft meiner Großmutter immer bewundert. Wir hatten ein neues Haus mit einer Treppe gebaut, die in den Hof führte. Eines Tages rutschte sie aus und stürzte die acht oder zehn Stufen hinunter. Wir kamen alle herbeigerannt, um zu sehen, was passiert war. Da lag sie am Boden. Sie war damals schon eine ältere Dame und hatte sich am Rücken verletzt. Doch schon einen Augenblick später stand sie auf und sagte: »Es ist nichts, mir geht es gut.« Schmerzen gab sie so gut wie nie nach. Sie war selten krank und achtete bewusst darauf, bei Kräften zu bleiben. Viele ihrer Kinder waren im Säuglingsalter gestorben, doch sie stand dieses schwere Leid jedes Mal mit großer Gefasstheit und Selbstbeherrschung durch.

Mola hatte die meiste Zeit ihres Lebens schwer gearbeitet und war nicht gern müßig. Während einer ihrer Schwangerschaften – sie lebte damals schon in Lhasa – stieg sie regelmäßig auf das Dach ihres Hauses und trug Steine hin und her. So wie die Leute heute Gewichte stemmen, um fit zu bleiben, schleppte sie Steine. Sie sagte oft zu uns: »Ihr seid verwöhnt. Ihr wisst gar nicht, was harte Arbeit ist.«

Anfang der sechziger Jahre wurde in Genf ein Tibethaus eröffnet, das ein Bruder Seiner Heiligkeit, mein Onkel Lobsang Samten, leitete. Einige Zeit wohnte meine Großmutter bei ihm und seiner Familie. Danach reiste sie nach Bloomington, Indiana, und blieb eine Weile bei Norbus Familie. So besuchte sie im Wechsel alle ihre Kinder, auch Seine Heiligkeit in Dharamsala und uns in Darjeeling. Wir freuten uns immer, wenn sie kam, weil wir ihre Gesellschaft uneingeschränkt genossen. Nie schalt oder kritisierte sie jemanden. Ihre natürliche Autorität schuf sich ganz von selbst Respekt.

Mein Vater war schon mit sechzehn Jahren aus Tibet nach China gekommen. Er wollte eine gute Ausbildung erhalten und danach die politische Laufbahn einschlagen. Während seines Aufenthalts in China verliebte er sich in eine Chinesin und die beiden heirateten. Weil es jedoch in Tibet starke antichinesische Strömungen gab, riet meine Großmutter meinem Vater, nicht mit seiner chinesischen Frau nach Lhasa zurückzukehren. Stattdessen gingen er und meine Mutter nach Indien. Dort wurde 1950 meine Schwester geboren, 1952 kam ich auf die Welt und 1954 mein jüngerer Bruder.

Meine Großmutter nahm meine Mutter mit offenen Armen auf. Trotz des jahrhundertealten tiefen Misstrauens und der nie enden wollenden Fehde zwischen Tibetern und Chinesen kamen die beiden sehr gut miteinander aus. *Mola* schickte ihre jüngste Tochter und ihre beiden Enkelkinder nach Indien auf die Schule, und meine Mutter kümmerte sich um sie. Obwohl meine Mutter, eine durch und durch moderne, gebildete Frau, ihre Kinder anders erzog und ihren Haushalt anders führte, als meine Großmutter es kannte, schätzte *Mola* sie sehr und unterstützte sie voll und ganz. Sie erlebte selbst mit, wie hervorragend meine Mutter die sicherlich nicht einfache Aufgabe meisterte, noch drei weitere Kinder zu erziehen, alle wie ihre eigenen zu behandeln und ihnen eine fortschrittliche Denkweise zu vermitteln. Ich habe niemals ein Wort der Kritik oder des Ärgers zwischen den beiden Frauen fallen hören, auch spürte ich nie den leisesten Hauch von Ressentiment auf beiden Seiten.

Meine Mutter war eine außergewöhnliche Persönlichkeit und eine große Dame dazu. Sie stammte aus einer bedeutenden chinesischen Familie; ihr Vater war unter Tschiang Kai-schek General gewesen. Sie hatte gerade das College beendet und wollte ihr Studium in den Vereinigten Staaten fortsetzen, als sie meinen Vater kennen lernte. Sie heirateten, und sie erwies sich nicht nur als gute Ehefrau und Mutter, sondern leistete auch in ihrer öffentlichen Arbeit Großartiges.

Als 1959 immer mehr tibetische Flüchtlinge nach Indien strömten, kam meine Mutter zu der Überzeugung, dass es für diese Entwurzelten ganz wichtig war, sich selbst helfen zu können. Mit den Einnahmen eines Benefiz-Fußballspiels gelang es ihr, ein Stück Land von den Jesuiten zu erwerben, auf dem sie ein Selbsthilfezentrum errichten ließ. Diesem Zentrum widmete sie fortan ihre ganze Kraft. Als sie 1986 starb, lebten und arbeiteten dort nahezu sechshundert Menschen.

Meine Schwester, Yangzom Doma, ging, nachdem sie das College abgeschlossen hatte, an die School of Oriental and African Studies in London. Ihre Abschlussarbeit schrieb sie im Fach Chinese and Tibetan Studies. Als sie nach Indien zurückkehrte, machte ihr mein Vater den Vorschlag, für die tibetische Exilregierung zu arbeiten. Es war ihm stets ein großes Anliegen, dass wir unsere Pflicht unserem Volk und unserem Land gegenüber erfüllten. Meine Schwester nahm eine Stelle an der Library of Tibetan Works and Archives an und wurde Herausgeberin des *Tibet Journal*.

Wenn Yangzom Doma in Dharamsala war, besuchte sie häufig *Mola*, die ihr natürlich jedes Mal ihre Lieblingsspeisen kochte. 1979 kam meine Schwester auf den Gedanken, die Lebensgeschichte unserer Großmutter aufzuschreiben. Als sie ihr die Idee vortrug, war *Mola* zunächst völlig verblüfft. Niemand hatte je nach ihren persönlichen Gefühlen oder Gedanken hinsichtlich ihres Lebens gefragt. Nach dem ersten Erstaunen war sie jedoch gerne bereit, alles zu erzählen, woran sie sich erinnern konnte. Danach führten die beiden über ein Jahr lang immer wieder Gespräche, bei denen sich Yangzom Doma Notizen machte. Nachdem sie erst einmal angefangen hatte, brauchte *Mola* kaum noch weitere Anstöße, sich zu erinnern. Ja, sie stürzte sich mit solchem Eifer auf ihre Aufgabe, berichtete mir meine Schwester, dass ihre Erzählungen ganz frisch und unmittelbar wirkten, obwohl zum Teil mehrere Jahrzehnte dazwischenlagen.

Tragischerweise kam meine Schwester 1982 bei einem Autounfall in Tunesien ums Leben. Ich erhielt die Nachricht als Erster und verständigte meine Mutter. Sie brach unter dem Kummer fast zusammen und erholte sich nie mehr ganz von dem Schlag, ihre einzige Tochter verloren zu haben. Kurz darauf erkrankte sie an Krebs und starb 1986. Tausende von Tibetern strömten herbei und beteten für sie, als sie starb. Obwohl sie Chinesin war, verehrten die Menschen sie.

1983 heiratete ich und meine Frau wurde bald

schwanger. Eines Nachts, in einem Hotel in New York, erschien mir meine Schwester im Traum. Sie sagte mir, dass meine Frau ein Mädchen zur Welt bringen würde und dass sie diese Tochter sein würde. Ich erzählte niemand davon, weil ich nicht wusste, was ich von der Sache halten sollte. Als meine Tochter geboren wurde, war meine Mutter überglücklich. Die Enkeltochter brachte nach dem Tod meiner Schwester zum ersten Mal wieder ein wenig Freude in ihr Leben.

Als meine Tochter fünf war, ließ ich mich scheiden. In den letzten elf Jahren habe ich sie allein großgezogen. Sie gleicht meiner Schwester tatsächlich in vielerlei Hinsicht. Zum Beispiel hat sie genau dieselbe Handschrift. Ich habe alle Kleider und Habseligkeiten meiner Schwester in Kisten auf unserem Dachboden aufbewahrt, und meine Tochter liebt es, darin herumzukramen. Sie sagt oft: »Wie komisch, dass Yangzom Doma genau solche Sachen hatte, wie ich sie mag.« Mit besonderer Vorliebe trägt sie die Kleider meiner Schwester. Mittlerweile bin ich überzeugt, dass meine Schwester in unserer Familie wiedergeboren wurde, und das macht mich sehr froh.

Ich hatte meiner Tochter versprochen, mich, solange sie klein war, ganz ihr zu widmen und nicht wieder zu heiraten. Wir sind in dieser Zeit gute Freunde geworden. Letztes Jahr sagte ich jedoch zu ihr: »Du hast nun dein eigenes Leben. Ich bin achtundvierzig und brauche einen Menschen, der auch im Alter bei mir ist. Ich möchte wieder heiraten.« Sie war einverstanden. Ich heiratete erneut und meine Frau und ich bekamen im letzten Juni eine kleine Tochter. Wir gaben ihr den Namen meiner Mutter. Auf diese Weise ist uns nun auch meine Mutter wiedergeschenkt worden.

Nach dem Tod meiner Mutter wurden die Leute vom Flüchtlingszentrum bei Seiner Heiligkeit vorstellig und baten ihn, mich zum neuen Leiter des Zentrums zu machen. Ich erklärte mich bereit unter der Bedingung, dass mein Bruder, der Arzt ist, mich in meiner Arbeit unterstützen würde. Genauso haben wir es von 1986 bis heute auch gehalten. Inzwischen nimmt das Zentrum neunzig Prozent meiner Zeit in Anspruch.

Unser Zentrum ist das fortschrittlichste in ganz Indien, weil es nicht von der Wohlfahrt oder von Spenden abhängig ist. Wir stellen Teppiche her und haben eine hochmoderne Druckerei, ein Krankenhaus, eine Röntgenabteilung, ein medizinisches Labor und eine Schule. Siebenhundertfünfzig Menschen haben durch das Zentrum ein gesichertes Einkommen. Am Wochenende fahre ich auf mein Gut in Kalimpong. Dort habe ich eine Nudelfabrik, mit der ich meinen Lebensunterhalt verdiene. Unsere Nudeln finden in der Region guten Absatz. Daneben bin ich gewähltes Mitglied des tibetischen Parlaments, reise viel und halte Vorträge für Tibet, vor allem in den Vereinigten Staaten und in Japan.

Da meine Schwester starb, bevor sie dieses Buch fertig stellen konnte, fiel mir die Aufgabe zu, ihr Vorhaben zu Ende zu bringen. Meine Großmutter sprach nur Tibetisch und meine Schwester übersetzte das Erzählte dann ins Englische. Ich habe ihre Aufzeichnungen für die Veröffentlichung zusammengestellt. Auch wenn die Geschichte, die hier erzählt wird, lückenhaft bleibt, spiegelt sie doch das Leben und das geschichtliche Umfeld von Diki Tsering und ist zugleich ein Tribut an die Bemühungen meiner Schwester. Ich freue mich, dass auf diese Weise auch andere Menschen meine Großmutter kennen lernen, wenngleich ich mir bewusst bin, dass ihr diese Aufzeichnungen nie ganz gerecht werden können.

Khedroob Thondup

I.

TOCHTER VON BAUERN

1.

Rückblick

Nun, da ich versuche, mich an mein Leben zu erinnern, kommt es mir fremd, fast unwirklich vor. Du musst schon entschuldigen, wenn mich mein Gedächtnis gelegentlich im Stich lässt. Es ist alles so lange her und meine Kindheit hat bis jetzt noch nie jemanden interessiert. Ich weiß gar nicht, wie ich das alles erzählen soll, damit es die Zuhörer auch fesselt. Es ist schon zum Lachen, dass du mich nach meinem Geburtsdatum fragst. Hätte ich meiner Großmutter damals eine solche Frage gestellt, wäre ich streng dafür zurechtgewiesen worden, dass ich mich dermaßen respektlos betrage. Wie sich die Zeiten doch geändert haben!

Im Ernst, ich weiß das genaue Datum meiner Geburt nicht. Welche Bedeutung hatten Daten schon für uns! Wir wurden ohne viel Aufsehen und Jubelgeschrei geboren, wuchsen zu jungen Menschen heran, wurden verheiratet, hatten selbst Kinder und wurden dann vom Tod eingeholt. Wir lebten den ganzen Kreislauf des Lebens auf einfache Weise, in dem selbstverständlichen Glauben, dass Menschen nichts Besonderes sind und das Leben etwas Natürliches ist.

Wahrscheinlich bin ich im ersten Monat des Jahres des Eisernen Ochsen geboren (1901). Ich erhielt den Namen Sonam Tsomo. Mein Geburtsname gehört gleichsam zu einem anderen Leben. Die meisten Menschen kennen mich als Diki Tsering, doch ich kam nicht als Diki Tsering auf die Welt. Von dem Zeitpunkt an, als ich nach Lhasa kam, versuchte ich, Diki Tsering zu werden, mit all den gesellschaftlichen Verpflichtungen und Privilegien, die mit diesem Namen einhergingen. Durch die Verantwortung, die meine neue Lebensstellung mit sich brachte, glitt ich langsam aus meinem Dasein als Sonam Tsomo heraus, dem einfachen Mädchen mit dem einfachen Leben und dem alles andere als ungewöhnlichen Wunsch, eine gute Hausfrau und Mutter zu sein. Heute empfinde ich eine große Zärtlichkeit, wenn ich an dieses junge Mädchen denke, das zu vergessen ich mich vor so langer Zeit gezwungen habe.

Es waren Glaube und Schicksal, die mich in mein schier unglaubliches Leben als Mutter des Dalai Lama hineinschleuderten. Damals, als es geschah, war es auf einmal, als hätte ich allen Mut und alle Zuversicht verloren, und ich fürchtete mich wie ein kleines Kind angesichts der ungeheuerlichen Aufgabe, die vor mir lag. Aber sobald ich anfing, mir immer wieder zu sagen, dass ich ja Diki Tsering war, diesen Namen aussprach, den ich an meinem Hochzeitstag erhalten hatte und der »Meer des Glücks« bedeutet, da entfachte eine Art Wiedergeburt meine ganze Kraft und Entschiedenheit. Ich hatte plötzlich keine Angst mehr und nahm mein

Schicksal willig an, entschlossen, mich nicht von der Flut überrollen zu lassen.

Jetzt bin ich eine langweilige alte Frau. Mein Körper ist von Rheuma geplagt. Doch ganz gleich, wie hinfällig man körperlich auch werden mag, der Geist der Jugend bleibt und ist immer noch lebendig. Er verlässt einen nie, selbst im Angesicht schwersten Leidens nicht. Heute sind meine einzigen Gefährten die Erinnerung und der Traum. Mein Geist wandert immer weiter in meine Kindheit zurück, zu meinen Eltern und Großeltern, an den Ort meiner Geburt. Sehr deutlich sehe ich die Wiesen, den Fluss, die Berge, den Bauernhof vor mir, auf dem ich aufgewachsen bin, und ich spüre tief im Inneren den Kreislauf der Heimkehr auf dieser letzten Wegstrecke meiner Reise.

Wie leicht werden Traditionen gebrochen und vergessen. Wenn ich heute die jungen Leute sehe, denke ich oft, dass sie sich nur gegen ihre Traditionen auflehnen, um zu beweisen, wie modern sie sind. Ich dagegen bin stolz darauf, in der Tradition verhaftet zu sein, auch wenn ich durchaus imstande bin, mich neuen Gegebenheiten anzupassen, und mich im Laufe meines Lebens verändert habe. Macht mich das archaisch, zu einem Überbleibsel aus längst vergangener Zeit? In meinen Augen nicht. Ich war immer sehr stolz und hatte einen starken Willen. Ich habe viele Schlachten geschlagen und jeder Sieg hat mich stärker gemacht. Meine Traditionen, meine Wurzeln als Tibeterin haben mir die Kraft gegeben. Traditionen dürfen nicht verleugnet oder vergessen werden. Sie sind die Schöpfer unseres Geistes und Stolzes und das Rückgrat unserer Gefühle. Sie machen uns zu dem, was wir sind, und bestimmen, was wir sein wollen.

2.

Meine ersten Lebensjahre

Einige Tage vor meiner Geburt suchte mein Großvater einen in der Nähe ansässigen Lama auf. Er war ganz sicher, dass sein künftiges Enkelkind ein Mädchen sein würde. »Ich spüre es in den Knochen«, erklärte er. »Sie wird jemand Bedeutendes sein. Hilf mir bitte, einen Namen für ein ganz besonderes Mädchen zu finden, das eine ganz besondere Frau sein wird.« Einige Gebete und viele Stunden der Sternbefragung später fiel die Wahl auf den Namen Sonam Tsomo. Sonam bedeutet »Fruchtbarkeit«, Tsomo steht für die große Göttin eines langen Lebens.

In unserer seit alters her bäuerlichen Gesellschaft war die Religion die einzige Daseinsberechtigung. Sie schenkte den Menschen Heiterkeit, Seelenfrieden und ein zufriedenes Herz. Die Religion – ich nenne es Glauben – war Teil eines jeden Bereiches unseres Alltagslebens. Der Priester, der Gott auf Erden repräsentierte, nahm an allen wichtigen Ereignissen im Kreislauf des Lebens teil: Geburt, Hochzeit, Reise, Krankheit, Tod und Leben nach dem Tod.

Meine frühesten Eindrücke gelten einem Land, das

die Natur zu einem üppigen Paradies gemacht hatte. Es barg einen großen Reichtum an Wäldern, Seen, Hügeln, Bergen und fruchtbarem Boden. So jedenfalls habe ich das Dorf Churkha im Bezirk Tsongkha, in dem ich geboren wurde, in Erinnerung. Churkha war der Rechtsprechung des Klosters Kumbum unterstellt. Tsongkha war die Heimat des berühmten Reformators Tsongkhapa, der im 14. Jahrhundert die buddhistische Gelugpa-Sekte gründete. Ich war das zweite Kind meiner Eltern, das älteste Mädchen. Meine Eltern betrachteten meine Geburt vielleicht als ein Unglück, da sie eine lange Reihe von Mädchen in der Familie ankündigte.

Nie habe ich die Freiheit meiner Kindheitstage in Amdo (einer der beiden östlichen Provinzen Tibets) vergessen. Ich wuchs mit sieben Schwestern und drei Brüdern auf, umgeben von zärtlicher Fürsorge und Güte. Meine Eltern waren einfache, aber einigermaßen wohlhabende Bauern, und mein Horizont und mein Denken begannen und endeten mit dem Leben meiner Vorväter, die allesamt ebenfalls Ackerbauern gewesen waren. Der Boden, den wir bestellten, sicherte uns Überleben und Dasein. Als das Schicksal mein Leben später so abrupt in ganz andere Bahnen lenkte, war ich letztlich nur ein einfaches Bauernmädchen.

Ich verbrachte meine Kindheitsjahre in einer großen, weit verzweigten Familie. Mein Vater hatte sechs Brüder, die alle mit ihren Frauen und Kindern in unserem Haushalt lebten. Das war in dieser Region allgemein üblich. Söhne brachten ihre Frauen in ihre Herkunftsfamilien mit. Die Töchter dagegen verließen bei der Heirat ihre Heimat und zogen zur Familie ihres Ehemanns. Eltern, die nur Töchter hatten, »adoptierten« manchmal einen Schwiegersohn, um ihren Familiennamen vor dem Aussterben zu bewahren, doch das war nicht die Regel.

Die Häuser in Amdo waren anders als die in Zentraltibet. Sie hatten einen quadratischen Grundriss und ein oder zwei Stockwerke. Mein Vaterhaus war zweistöckig. Außerdem gab es noch ein einstöckiges Haus, in dem das Gesinde wohnte. Die Hauswände bestanden aus *thala*, das sind zwei Holzwände, mit einem Zwischenraum, der mit festgestampftem Sand gefüllt wurde. Die Häuser im Dorf waren von einer Steinmauer umgeben und um einen Innenhof herum gebaut. Eine Großfamilie wohnte oft in einer ganzen Ansammlung solcher Häuser. Jedes Haus besaß einen großen Vorratsraum für *tsampa* (geröstetes Gerstenmehl, Hauptnahrungsmittel in Tibet), Mehl, Butter, getrocknetes Fleisch und Öl. Die Ställe waren in separaten Gebäuden untergebracht. Dort hielten wir Schafe, Kühe und Pferde, *dris* (Jakkühe), Esel, Schweine und *dzomos*. (Eine *dzomo* ist eine Kreuzung zwischen Jak und Kuh. Das männliche Tier heißt *dzo*.)

In unserer Gegend gab es außerdem die Furcht erregendsten Mastiffs, die ich je zu Gesicht bekommen habe. Selbst die Hunde, die ich später in Lhasa sah, konnten es an Wildheit nicht mit ihnen aufnehmen. Mastiffs wurden als Wachhunde gehalten. Es kam immer wieder vor, dass diese Hunde sogar gegen Pferde getauscht wurden. Sie mussten oft große Entfernungen zurücklegen, wenn sie den Besitzer wechselten, und bekamen dann leicht wunde Pfoten. Wir umwickelten dann die wund gelaufenen Pfoten mit Jakfell als Polster.

Mein Vater hieß Tashi Dhondup, meine Mutter war Doma Yangzom. Meine Großeltern lebten mit uns im Haus. In Amdo wurden alle älteren Frauen in der Familie *amala*, »Mutter«, genannt. Um die verschiedenen Mütter zu unterscheiden, gebrauchten wir Zusatzworte wie *tama* und *gama*, »ältere Mutter« und »jüngere Mutter«, je nach Alter. Es war ein Ausdruck kindlichen Respekts, dass die Angehörigen der älteren Generation, die erwachsene Kinder hatten, nicht mehr arbeiten mussten. Die Alten hatten in ihrer Jugend ihr Teil an Arbeit geleistet.

Vom Augenblick meiner Geburt an war ich der Liebling meiner Großeltern. Nicht, weil ich das älteste Kind war – ich hatte schon einen älteren Bruder –, sondern weil eine Vorahnung ihnen sagte, dass ich ein besonderes Kind war und als Erwachsene ein noch wunderbareres Schicksal haben würde. Sie überschütteten mich mit so viel Zärtlichkeit und Zuwendung, dass ich mich in ihrer Liebe ganz und gar geborgen fühlte. Die Lebensfreude, die diesem Geborgensein entsprang, hat mich in meinem Leben nie mehr ganz verlassen. Ich schulde ihnen ewige Dankbarkeit dafür, dass sie meine Kindheit warm und reich gemacht haben und mir, wenn auch nur für eine bestimmte Zeit, die Tatsache verbargen, dass das Leben einer Frau hart, grausam und voller Heimsuchungen sein kann.

Meine Großeltern bildeten den Dreh- und Angelpunkt meiner ganzen Welt. Ich schlief bei ihnen, aß bei ihnen und ließ mich von ihnen verzärteln und verhätscheln. Sie füllten mein kleines Selbst vollständig aus. Das war vor allem deshalb möglich, weil die Beziehung zwischen Großeltern und Enkelkindern relativ zwanglos war und nicht dem sonst geltenden strengen Verhaltenskodex unterlag.

Mein Großvater war ein äußerst strenger und willensstarker Mann, der auf andere leicht arrogant wirkte. Damals in Amdo war der Großvater der unumstrittene Herr im Haus. Und er regierte wahrhaft mit eiserner Faust. Dieser schnell aufbrausende Mann wiegte mich sofort, nachdem ich geboren war, in seinen Armen und bekundete lauthals: »Das ist meine Sonam Tsomo!« Mit dieser leidenschaftlichen Erklärung wurde ich von Anfang an sein besonderer Schützling. Meinen Eltern blieb nichts anderes übrig, als sich zu fügen, selbst wenn sie diese eigenmächtige Geste, dieser Missbrauch der eigenen Autorität, ärgern mochte.

Es kam mir oft seltsam vor, wenn ich sah, wie bedingungslos meine Eltern sich meinen Großeltern unterordneten und dabei jeder meiner Launen und Capricen nachgaben. Erst sehr viel später begriff ich, dass Verwandtschaftsbeziehungen bei uns in erster Linie von Respekt geprägt waren und wie sehr dieser Respekt jede Einzelheit unseres Verhaltens kennzeichnete. Großeltern wurden von allen Familienmitgliedern mit größter Ehrehrbietung und Hochachtung behandelt. Das Verhältnis zwischen Großeltern und Enkelkindern war eng, unverkrampft und liebevoll. Eltern-Kind-Beziehungen dagegen waren reserviert, distanziert und stark von Verhaltensmustern bestimmt. Genauso war auch das Verhältnis meiner Eltern zu meinen Großeltern.

Ich beobachtete manchmal mit geheimer Schadenfreude, wie ehrfurchtsvoll meine Eltern mit meinen Großeltern umgingen. Wenn mein Großvater zum Beispiel auf dem *kang* (eine Art beheizbarer Podest, der zum Sitzen und Schlafen diente) saß, verbot es der Anstand meinem Vater, sich neben ihn zu setzen. Aus Achtung vor dem Älteren musste er entweder stehen oder auf dem Boden kauern. Aber ich kleine Person durfte auf den *kang* neben meinen Großvater krabbeln und die Sicherheit seiner Arme um mich herum spüren. Oft provozierte ich meinen Vater bewusst auf diese Weise, um ihm zu zeigen, dass ich in Gegenwart meines Großvaters die kleine Herrin war und tun und lassen durfte, was ich wollte.

Wenn mein Großvater genussvoll seinen Tee schlürfte, sein Lieblingsgetränk, verbot die Konvention meinem Vater, ebenfalls Tee zu trinken, bis mein Großvater ihn mit den Worten »Tashi Dhondup, setz dich her und trink eine Tasse Tee« ausdrücklich dazu aufforderte. Selbst dann durfte sich mein Vater nie einen Stuhl holen, sondern musste sich damit begnügen, auf dem Boden zu hocken. Stühle waren nur für Gleichgestellte da, die sich Auge in Auge gegenübersitzen durften.

Abends nach Sonnenuntergang, wenn die Familie

sich zum Essen versammelte, drängte ich mich immer dicht an meinen Großvater, einer stillschweigenden Abmachung zwischen uns beiden folgend, dass wir nach dem Essen noch eine angenehme Zeit miteinander verbringen würden. Gebannt lauschte ich dann den unzähligen Legenden und Geschichten, die er erzählte. Meine Lieblingsgeschichte handelte davon, wie er bei der Wahl meines Namens am Ende alle Widerstände überwand. Mein Großvater war in diesen frühen Jahren der wichtigste Einfluss in meinem Leben. Er war ein echter Genießer und wusste jeder Lebenserfahrung ihren vollen Geschmack abzugewinnen.

Trotz dieses Geborgenseins lastete die Tatsache, dass ich ein Mädchen war, schwer auf meinem Herzen, selbst als ich noch ziemlich klein war. Schon recht früh im Leben merkten wir Mädchen, wie unterschiedlich sich die Rollen und Aussichten für Männer und Frauen gestalteten, und wussten, dass Familien in der Regel lieber Söhne haben wollten. Die Geburt eines Mädchens wurde manchmal geradezu als Fluch betrachtet. Ich hörte einmal die Geschichte von einer armen Familie, die eine neugeborene Tochter unmittelbar nach der Geburt ertränkte. Töchter galten in unserer bäuerlichen Gesellschaft als bloße finanzielle Belastung. Als Kind verbrauchte eine Tochter Nahrung und Kleidung, ohne zum Lebensunterhalt der Familie beizutragen. Als junges Mädchen musste sie dann mit einer Mitgift ausgestattet werden und verließ ihre Familie bei der Heirat, um ein Mitglied der Familie ihres Mannes zu werden. Söhne dagegen steigerten das

Familieneinkommen durch ihre Arbeitskraft. Sie blieben bei ihren Eltern und wiederum ihre Söhne mehrten den Reichtum der Familie.

Immer wieder fragte ich deshalb meinen Großvater, ob er nicht lieber einen Jungen gehabt hätte. Ich hätte die Enttäuschung nicht verkraften können, hätte er meine Ängste bestätigt. Doch stattdessen pflegte er mich bloß zärtlich ins Ohr zu kneifen und zu sagen: »Hätte ich dann gesagt, dass du ein Mädchen wirst, noch bevor du geboren warst?« Diese Antwort beglückte mich jedes Mal zutiefst. Es bedeutete ungeheuer viel für mich, um meiner selbst willen gewollt zu sein und nicht auf Grund der Nützlichkeit meines Geschlechts.

Diese ersten Jahre waren so voll ungetrübten Glücks, dass ich sie niemals vergessen habe. Ich war frei. Ich durfte so laut lachen, als hätte ich gerade den allerlustigsten Witz der Welt gehört. Ich durfte mich an der Schönheit der Bäume und der Blumen erfreuen, die Zufriedenheit unserer Tiere, der Pferde und Kühe, spüren und sämtlichen Träumen nachhängen, die in meinem kleinen Kopf herumschwirrten.

3.

Sorglose Kindheit

Die Trennung von meinen Großeltern kam völlig unerwartet. Mein Großvater kaufte im Jahr 1905 ein Hofgut in Guyahu (oder Tanantwan), etwa fünfundsiebzig Kilometer von Tsongkha entfernt. Die Gegend war ursprünglich moslemisch, doch die Moslems wurden vertrieben, nachdem sie einen Krieg mit den Chinesen angefangen hatten. In dieser Zeit erwarb mein Großvater das Anwesen. Nach seiner Rückkehr berichtete er seinen Söhnen von dem Kauf und fragte, ob einer von ihnen bereit wäre, dorthin zu ziehen und den Hof zu bewirtschaften. Die beiden Brüder meines Vaters zögerten, weil sie ungern in einem moslemischen Gebiet leben wollten. Daher erboten sich schließlich meine Eltern, dorthin zu gehen.

An den Umzug habe ich keine deutliche Erinnerung. Schließlich war ich damals erst fünf. Soweit ich mich entsinne, fand ich es aufregend, in die neue Heimat zu reisen. Es war für mich ein Abenteuer. Ich würde eine ganz neue Umgebung kennen lernen. Obwohl ich meinen Geburtsort liebte, fühlte ich nicht die Spur des Bedauerns, ihn zu verlassen. Ich befand mich schließlich immer noch in dem sorglosen Alter, in dem ich einfach spielen durfte und keinerlei Verantwortung zu tragen hatte.

Die Landschaft von Guyahu war lieblich, eigentlich gar nicht so sehr anders als die Gegend um Churkha. Die Entfernung zwischen beiden Orten war nicht allzu groß. Zu Pferd konnte man sie in drei bis fünf Stunden zurücklegen. Damals wurde alles auf dem Pferderücken transportiert oder mit Karren, die von *dris*, *dzos* oder Pferden gezogen wurden. Wir nahmen acht oder neun Dienstboten nach Guyahu mit, außerdem eine Ziegenherde und ein paar Leute, die die Tiere versorgen sollten. Ansonsten hatten wir nur unsere Kleider, einige Nahrungsmittel und den allernotwendigsten Hausrat dabei.

Als ich allmählich begriff, dass der Umzug die Trennung von meinen Großeltern bedeutete, brach mir fast das Herz. Doch mein Großvater besuchte uns sehr oft. Er war ein begeisterter Reiter und ergriff daher jede Gelegenheit, Freunde und Verwandte zu Pferde zu besuchen. Als wir aufbrachen, ermahnte er meine Mutter: »Doma Yangzom, lass die Kinder auf keinen Fall vom Hof. Sie sollen im Hof oder im Garten bleiben, sonst werden sie von den Wölfen gefressen.« Es war allgemein bekannt, dass Wölfe Kinder verschleppten. Wir Mädchen durften das Haus ohnehin selten verlassen und allenfalls in den Hof hinaus. Darin waren meine Eltern sehr streng.

Das Verhältnis zwischen Brüdern und Schwestern war innig und liebevoll. Oft übernahmen die Brüder die Rolle des kleinen Beschützers. Die Tatsache, dass die Schwester bald heiraten und das Haus verlassen würde, knüpfte das Band zwischen Bruder und Schwester besonders eng und verlieh der Beziehung immer etwas leicht Melancholisches. Irgendwie war es die Pflicht des Bruders, seiner Schwester eine fröhliche und freie Kinderzeit zu bescheren, damit sie noch im Erwachsenenalter von ihren Kindheitsträumen zehren konnte.

Ich hatte drei Brüder. Der älteste wohnte mit seiner Frau und seinen Kindern im Haus. Ein anderer Bruder starb im Alter von zehn Jahren. Als mein dritter Bruder geboren wurde, suchten meine Eltern deshalb den Lama auf und fragten ihn, ob ihr Sohn ein Mönch oder ein Laie werden sollte. Der Lama riet meinen Eltern, ihn ins Kloster zu schicken. Wenn er zu Hause bliebe, so sagte er, würde er nicht sehr lange leben. Die Menschen setzten bei uns großes Vertrauen in den Lama, also wurde beschlossen, dass mein jüngerer Bruder in das Kloster Kumbum eintreten sollte.

An diesem Bruder hing ich ganz besonders. Weil ich wusste, dass er uns bald verlassen würde, um Mönch zu werden, schenkte ich ihm mehr Zärtlichkeit und Liebe als meinen anderen Geschwistern. Ja, wenn ich einen meiner anderen Brüder oder eine meiner Schwestern mit ihm streiten sah, stürzte ich sofort zu seiner Verteidigung herbei. Als er später von zu Hause fort war, besuchten meine Eltern und ich ihn häufig, und oft kam auch er zu uns nach Hause.

Die meisten tibetischen Familien schickten damals einen ihrer Söhne ins Kloster, es sei denn, die Familie war klein und es gab nur wenige Söhne. In diesem Fall brauchte man die Jungen für die Arbeit auf dem Hof. Oftmals wurden Knaben aus sehr armen Familien ins Kloster geschickt, weil ihr Unterhalt und die eventuelle spätere Unterstützung ihrer Familie eine schwere finanzielle Belastung darstellte. Dass man Mädchen ins Kloster schickte, war in Tsongkha unbekannt. Es gab in der Nähe auch kein Nonnenkloster. In Lhasa dagegen wurden viele Mädchen ins Kloster gesteckt, nicht zuletzt aus wirtschaftlichen Gründen, weil es ihren Eltern zu teuer war, eine gute Heirat für sie zu arrangieren.

Mit unserem Umzug endete meine sorglose Kindheit und mein Leben trat in eine neue Phase ein. Nun war keine Zeit mehr zum Spielen. Ich wurde die Gehilfin meiner Mutter, die anfing, mich in die Welt der Frauen einzuführen, in den häuslichen Arbeiten zu unterweisen und auf die Ehe vorzubereiten. Bei uns in Amdo lagen viele Haushaltspflichten auf den Schultern der Töchter, auch wenn sie nach westlichen Maßstäben noch recht jung waren, kaum sechs oder sieben Jahre alt. Ich musste lernen, Nudeln zu machen, Tee aufzubrühen und Brot für die ganze Familie zu backen. Mit meinen sieben Jahren reichte ich kaum auf den Küchentisch hinauf. Ich musste mich deshalb zum Teigkneten immer auf einen Stuhl stellen.

Hinter unserem Haus befand sich ein Hof mit Garten, der von einer hohen, dicken Mauer umgeben war. Wenn meine Eltern aufs Feld gingen, blieb ich auf dem Anwesen zurück und musste das Essen kochen. Jedes

Mal, wenn sie fortgingen, schlossen sie die Haustür von außen ab. Wir Mädchen wurden schon von klein an dazu angehalten, unsere Zimmer auszufegen und feucht zu wischen. Machten wir nicht gründlich sauber, pflegte meine Mutter sarkastisch zu fragen: »Warum wischst du auf wie eine Katze, die sich das Gesicht putzt?«

Wenn ich nicht mit Kochen oder Saubermachen beschäftigt war, brachte mir meine Mutter bei, wie man Kleider zuschneidet und Stickereien anfertigt. Es galt in Amdo als eine Schande, wenn eine Frau nicht imstande war, ihre Kleidung und ihre Schuhe mit aufwendigen Stickereien zu verzieren. Als ich zwölf war, nähte ich bereits alle meine Hosen und Hemden selbst und die meiner Brüder und Schwestern obendrein.

Meine Mutter war eine ausgezeichnete Schneiderin. Zu den Hochzeiten all ihrer acht Töchter nähte sie jeder Tochter ganz ohne Hilfe eine Aussteuer. Niemand kam damals auf die Idee, einen Schneider zu beschäftigen. Ganz gleich, wie viele Mitglieder eine Familie hatte und wie viele Kleider, Schuhe und Hüte es zu nähen und zu säumen galt, sämtliche Handarbeiten wurden grundsätzlich in der Familie ausgeführt.

So sah die Erziehung eines Mädchens 1907 aus. Zu dieser Zeit hatte man noch nie davon gehört, dass Mädchen zur Schule gehen und Lesen und Schreiben lernen sollten. Jungen wiederum mussten von klein an auf dem Hof und in der Landwirtschaft mithelfen. Wenn eine Familie wohlhabend war und viele Söhne hatte, wurden die Söhne in die Schule geschickt. Meine Brüder gingen nicht in die Schule, weil sie relativ weit von unserem Wohnort in Tongkha entfernt war. In den Schulen lernte man Tibetisch, Amdo, Chinesisch und die Tsongkha-Dialekte. Mein Vater hatte vier Jahre lang die Grundschule besucht und konnte lesen und schreiben.

Die einzige andere Bildung, die wir erhielten, bestand im Gebet. Als wir noch bei meinen Großeltern lebten, rief mein Großvater uns an den Abenden immer zum Gebet zusammen. Auch nachdem wir umgezogen waren, gingen diese Gebetszusammenkünfte weiter. Wir saßen beieinander und sprachen eine Stunde oder zwei die Gebete der Gebetsketten. Meine Großmutter betete jeden Morgen vor dem Familienaltar, nachdem sie zunächst die Butterlampen angezündet und den Göttern ein Opfer dargebracht hatte. Danach trat sie hinaus in den Hof und sprach die Gebete der Gebetskette, während sie die Perlen durch die Finger gleiten ließ. Wer auf dem Feld arbeitete und einen Lama sah, warf sich sofort dreimal zu Boden. Auch wenn wir als einfache Bauern nicht viel von Religion begriffen, hatten wir doch einen starken, tief verwurzelten Glauben.

4.

Leben auf dem Bauernhof

Unser Hof lag inmitten einer herrlichen Landschaft. Das Land dehnte sich weit, mit vielen Bäumen und Seen. Im Hintergrund zeichneten sich Hügel und Berge ab. Der Boden war äußerst fruchtbar, und alles, was man anbaute, brachte hervorragende Erträge. Als Dünger diente ein Gemisch aus Mist, Heu und Erde. Das Gras wurde gemäht, mehrmals gewendet und sorgfältig mit Erde vermischt. Dann wurde es verbrannt, bis es eine rötliche Färbung angenommen hatte, mit Kuh- und Ziegendung angereichert und auf den Feldern ausgebracht. Getrockneter Dung wurde auch als Brennstoff für den *kang* verwendet.

Der *kang* war ein erhöhter Podest, der den ganzen Hauptraum ausfüllte. Er diente als Schlafstatt für die ganze Familie. Sogar die Mahlzeiten wurden darauf eingenommen. Er bestand aus Lehmziegeln und war innen hohl. Wir pflegten ihn mit dürrem Gras, Sand und getrocknetem Mist oder Holz zu füllen und anzuheizen. Oben auf dem *kang* lag ein Teppich, darüber kamen unsere Schlafmatten. Im Winter legten wir immer wieder Holz und getrockneten Dung nach und hielten das Feuer so den ganzen Tag in Gang. Trotzdem waren die Nächte so kalt, dass wir uns mit dicken Pelzen zudecken mussten. Ohne den *kang* wären wir, glaube ich, alle erfroren.

In den Sommermonaten war das Wetter warm und angenehm, mit Temperaturen um die siebenundzwanzig bis dreißig Grad. Doch vom zehnten Monat an wurde es richtig kalt. Ein Teerest, der über Nacht in der Teeschale stand, war am nächsten Morgen gefroren, und die Schale hatte einen Sprung. So grimmig war die Kälte, dass man von Leuten erzählte, die nur kurze Entfernungen zurückgelegt hatten und denen die Füße erfroren und abgefallen waren. Manchmal lag der Schnee bis zu drei Meter hoch und reichte fast bis zum zweiten Stock unseres Hauses. Nach einem Schneesturm brauchten wir zwei Tage, um den Weg freizuschaufeln.

Da im Winter nichts wuchs, lagerten wir unsere Kartoffeln, Rettiche und anderes Gemüse unter der Erde ein. Dazu wurde ein etwa drei Meter tiefer und sechs Meter breiter Keller ausgehoben, zu dem Stufen hinunter führten. Hier bewahrten wir alle wichtigen Nahrungsmittel auf. Der Eingang zu diesem Vorratslager musste immer fest verschlossen werden, sonst wäre alles erfroren.

Unser Hof war groß, so dass wir unmöglich alle Arbeit allein bewältigen konnten und Feldarbeiter dingen mussten. Sie ließen sich in zwei Gruppen einteilen: Die *nyohog* arbeiteten nur monatsweise, während die *yuleg* jeweils für ein Jahr angestellt wurden. Vom zweiten bis zum vierten oder fünften Monat gab es besonders viel Arbeit in der Landwirtschaft. Im vierten Monat fing das Heuen an, um Futter für den Winter zu haben. Im siebten Monat wurden *tema*, Erbsen, ausgesät. Bis zum zehnten oder elften Monat beschäftigten wir viele Arbeiter, danach säten die für ein Jahr gedungenen Knechte die Gerste aus. Wir bauten Weizen, Gerste, Erbsen und Senf an. Eigentlich bauten wir fast alles an, was in dieser Gegend wuchs. Es war mehr als genug für unseren Eigenbedarf, der Überschuss wurde verkauft.

Mein Vater pflegte nach dem Frühstück Gemüse im Garten zu ernten und es unter unseren Nachbarn zu verteilen, indem er es über den Zaun warf, der unseren Garten umgab. Er ließ besonders den Nachbarn etwas zukommen, die keine eigenen Gemüsegärten hatten. Nachbarn hatten überhaupt ein sehr enges Verhältnis untereinander. Wenn einmal nichts zu tun war, traf man sich auf den Dachterrassen der Häuser mit den Nachbarn und plauderte. Mein Vater lud seine Freunde und Verwandten auch oft zum Essen und zu Weingelagen ein und ließ sie erst nach ein paar Tagen wieder ziehen. Er war ein großer Weintrinker.

Als er das fünfzigste Lebensjahr erreicht hatte, hörte mein Vater auf zu arbeiten. Mein älterer Bruder hatte die Oberaufsicht über die Landwirtschaft übernommen und mein Vater inspizierte nur noch gelegentlich die Felder. Meine Mutter kümmerte sich weiter um den Haushalt. Selbst im Alter von siebzig Jahren war sie noch ziemlich rüstig und fertigte ihre komplizierten, wunderschönen Stickereien an. Ihre Augen waren noch genauso scharf wie in ihrer Jugend.

Wir besaßen keine Uhren. Die Sonne und der Himmel waren unsere Zeitgeber. Um die Mittagszeit steckten wir einen Stock in die Erde, und wenn der Schatten senkrecht fiel, wussten wir, dass es Mittag war. Neigte sich der Schatten dagegen ein wenig, so war es Nachmittag. Gegen Abend fiel der Schatten fast waagerecht. Nachts orientierten wir uns an den Sternen.

Ich hatte als Kind viele Freunde, größtenteils Nachbarskinder, mit denen ich spielte. So etwas wie Spielzeug gab es nicht. Kleine Mädchen spielten deshalb miteinander Haushalt. Wir schnitten Stoffstücke zurecht und säumten sie. Oder wir suchten Papierschnipsel und malten alles darauf, was wir vor Augen hatten, Blumen und Häuser. Eines meiner Lieblingsspiele war Sandburgen bauen.

Als ich zwölf oder dreizehn war, zeigte mir mein Vater eines Tages, wo er sein Vermögen verwahrte. Meine Brüder waren mit den Knechten aufs Feld gegangen, da nahm er mich mit in den Stall und grub mehrere große irdene Gefäße aus, in denen er sein Geld aufbewahrte. Ich half ihm beim Ausgraben und Wiederauffüllen der Gefäße. Danach versiegelten wir sie, stellten sie zurück und bedeckten sie wieder mit Erde. Mich begeisterte an der Sache vor allem das geheimniskrämerische Drumherum.

Die gesellschafliche Rangordnung in Amdo

Die Unterschiede zwischen den verschiedenen Gesellschaftsschichten traten damals in Amdo[1] sehr deutlich zutage. Die Dienstboten zum Beispiel blieben unter sich in der Küche. Es gab keinerlei engere Berührung mit den Familienmitgliedern, selbst bei den häuslichen Arbeiten nicht. Auf der untersten Stufe der sozialen Leiter standen die Räuber und Diebe. Über ihnen kamen die Metzger und die Angehörigen der Gewerbezweige, die mit Leder und Fellen zu tun hatten. Wenn wir einmal einen Schlachter brauchten, gebot die Gastfreundschaft, ihm eine Schale Tee anzubieten. Sobald er jedoch gegangen war, reinigten wir die Schale in Asche, ein Ritual, das das Gefäß sterilisieren sollte. Gold- und Silberschmiede galten in Lhasa ebenfalls als gesellschaftlich niedrig stehend und durften nicht einmal das Haus betreten. Die Aller-, Allerniedrigsten aber, so weit unten, dass sie gar nicht mehr auf der sozialen Leiter standen, waren die Leichenträger, die Leute, die die Toten an ihren letzten Bestimmungsort schafften.

Die Lamas (die geistlichen Lehrer) bildeten eine Kaste für sich. Man begegnete ihnen mit großer Ehrerbietung und sie standen in der gesellschaftlichen Hierarchie an erster Stelle. Als einfache Bauern waren wir tief religiös, wenn auch nicht in einem intellektuellen Sinn. Die Robe eines Lamas verkörperte für uns das Gewand des *Je Rinpoche*. Das war unser Name für *Tsongkhapa*, den großen Hüter des buddhistischen Glaubens, der aus unserer Region, aus Tsongkha, hervorgegangen war. (*Rinpoche* ist ein Ehrentitel für Lamas, die wiedergeborene große Lehrer sind. Es bedeutet »Kostbarer«.) Selbst die ärmsten Kleriker wurden in unseren Häusern mit großzügiger Gastfreundschaft geehrt. In Lhasa war das ganz anders, doch wenn man in Amdo auf der Straße einem Lama begegnete, lud man ihn sogleich zu sich ein und bewirtete ihn mit den besten Speisen und feinstem Tee, serviert im kostbarsten Geschirr, das man besaß.

Die reichen Familien in der Gegend hatten große Güter und viele Dienstboten, doch im Großen und Ganzen war der Wohlstand relativ gleichmäßig verteilt, und es gab keine wirkliche Armut. So kannten wir in Amdo auch keine *miser* oder Leibeigenen – Arbeitskräfte bekamen Lohn. In unserem Dorf lebten etwa hundert Familien, die alle ihren eigenen Grund und Boden bestellten. Wir mussten allerdings einen gewissen Steuerbetrag an die chinesische Regierung abführen. Der chinesische Gouverneur in unserer Region hieß Ma Pu-fang.

Der Großteil der Bevölkerung waren Bauern, aber

wir hatten auch unseren Kaufmannsstand. Kaufleute waren ständig unterwegs. Sie führten Kisten und Kästen voller Waren mit und kamen in die Dörfer, um Streichhölzer, Seife, Garn, Wolle und andere wichtige Dinge für den täglichen Bedarf zu verkaufen. In der Regel bezahlte man nicht mit Geld, sondern mit Gerste, Weizen und anderen Tauschgütern.

In der Stadt gab es außerdem viele kleine Läden, die spezielle Waren wie Tee und Stoffe führten. Auch wenn wir dort kauften, bezahlten wir mit Gerste oder anderen landwirtschaftlichen Erzeugnissen. Es gab auch Gasthäuser und Herbergen, und ich erinnere mich noch gut an die köstlichen Gerüche, die den Gasthäusern entströmten.

Die heimische Küche

Die Küche war der ganze Stolz der Hausfrau. Es war gewöhnlich ein besonders großer Raum mit Steinwänden. Die Kochfläche bestand aus einem riesigen gemauerten Herd, manchmal zweieinhalb bis drei Meter lang, mit fünf bis acht Kochlöchern. Durch eine große Öffnung an der Seite wurde der Herd mit getrocknetem Ziegendung als Brennmaterial beschickt und beheizt. Jeden Abend füllte man drei große Körbe davon ein. Am nächsten Morgen wurde dann *kunguntze* gebacken, eine unserer traditionellen Brotsorten.

Brot, unterschiedlich zubereitet, war ein wichtiges Nahrungsmittel. *Timomo*, gedämpfte Klöße, wurden in sechs speziellen, übereinander gestellten Bambussieben gegart. Eine andere Brotart, *kansho*, wurde im Herd gebacken. Dazu streute man sauberen weißen Sand in den Herd, schichtete Holz darauf und zündete es an. Sobald der Sand und das Holz rot glühend waren, wurde der Teig hineingelegt. Das auf diese Art gebackene Brot schmeckte köstlich und verbrannte nie; es kam immer mit einer appetitlichen goldbraunen Kruste heraus. *Kuki*, wieder eine andere Brotart, wurde in einem irdenen Gefäß gebacken, das etwa zwei Stunden im Feuer blieb. Dieses Brot hatte eine rötliche Farbe, weil ihm Kurkumapulver zugesetzt wurde, und enthielt außerdem Melasse und Walnüsse.

Die Tage der Hausfrau waren mit Arbeit angefüllt. Sie musste sämtliche Mahlzeiten für die Familienmitglieder und für die Bediensteten kochen. Die weiblichen Mitglieder des Haushalts halfen ihr dabei. Morgens bekamen die Dienstboten *timomo* und *tsampa* mit Tee zum Frühstück. Manchmal gaben wir ihnen auch Haferbrei mit Milch und Salz zu essen. Eine Spezialität in Tsongkha war *yenmi*, ein knuspriges Brot, das in Sand, Asche und Dung oder Holz gebacken wurde. An den Tagen, an denen es bei uns *yenmi* gab, mussten wir Frauen über hundert Stück backen.

Mittags wurde den Arbeitern das Essen aufs Feld hinausgebracht. Dazu mussten sechzig Bambussiebe mit *timomo*, etwa fünfzehnhundert bis zweitausend Klöße, im Dampf gegart werden. Zum Abendessen bekamen die Arbeiter Nudelsuppe. Sie brodelte in einem riesigen Topf, der etwa dreihundert Schalen fasste. Pfannen oder Kochgefäße aus Aluminium oder Zinn verwendeten wir grundsätzlich nicht, weil wir uns sonst hätten Bettler schimpfen lassen müssen. Wir benutzten ausschließlich Töpfe aus Eisen oder Ton.

In Amdo gab es verschiedene Arten von *tsampa*, aus Gerste, Hafer oder Erbsen. Wenn es sehr kalt war, war *tsampa* unser Hauptnahrungsmittel. Die Feldarbeiter bekamen auch manchmal *tsampa* in Öl gekocht. Sie mochten dieses Gericht besonders, weil es lange vorhielt und sie danach nicht so schnell wieder hungrig wurden. Schließlich verbrannten sie bei der schweren körperlichen Arbeit im Freien eine Menge Kalorien.

Ranfan und *chowtan*, andere typische Amdo-Gerichte, die man nirgendwo sonst in Tibet kannte, bestanden ebenfalls aus Gerste. Das Getreide wurde dafür in wenig Wasser gegart und musste immer wieder kräftig umgerührt werden, bis eine dickliche Masse entstand.

Fleisch gab es nur zweimal in der Woche. Oft kochten wir einen Eintopf aus dreißig bis vierzig Pfund Fleisch. Zum Neujahrsfest ließen wir einen Schlachter kommen und unsere Schweine schlachten. Es galt als Sünde, es selbst zu tun. Manchmal wurden auch Jaks und Schafe geschlachtet. Wir trockneten das Fleisch, indem wir es in einem besonderen Raum im Dachgeschoss aufhängten.

Als Kind liebte ich es besonders, wenn die Frauen des Hauses *thukpa* zubereiteten, jene Nudeln, für die Amdo berühmt ist. Im Sommer wurden sie kalt gegessen, im Winter in Brühe gekocht. Der Höhepunkt der Vorbereitungen war für mich das Zerkleinern des Knoblauchs und der Chilischoten im Hof hinter dem Haus. Weil mich da niemand hörte, schlich ich mich oft, nachdem ich schon ins Bett geschickt worden war, noch einmal heimlich dorthin. Mein Großvater schalt mich dann zärtlich und sagte: »Schäm dich, du riechst ja nach Knoblauch. Was werden die anderen sagen!«

7.

Dialekte und Kleidung

Es gibt in Amdo unzählige Dialekte. Weil wir aus Tsongkha kamen, sprachen wir den Tsongkha-Dialekt, doch meinen Eltern war auch der Amdo-Dialekt geläufig. Die beiden Sprachen weisen ziemliche Unterschiede auf. Seit in Tsongkha viele Chinesen lebten, unterhielt sich die jüngere Generation meist auf Chinesisch und vergaß darüber oft ihre Muttersprache. In Guyahu sprachen die älteren Leute Amdo, die jüngeren Chinesisch. Dabei gab es keinerlei Parallelen zwischen Chinesisch und unserem Amdo-Dialekt. Auch wenn wir vielleicht das eine oder andere Wort verstanden, klang Chinesisch, als spräche jemand falsches Tibetisch.

Nachdem die Moslems aus unserer Region vertrieben worden waren, bestand die Bevölkerung hauptsächlich aus Amdos und Chinesen. Daneben gab es noch ein paar Stammesvölker, Nomaden, die Jakherden besaßen und Käse und Butter herstellten. Ich erinnere mich noch genau, wie verschieden wir alle aussahen, besonders was die Kleidung angeht. Wir Amdo-Frauen trugen unseren traditionellen *hari* (einen mit Edelsteinen besetzten, vasenförmigen Haarschmuck, der bis zur Taille reichte). Die Chinesinnen dagegen trugen etwas, das *baochidue* hieß, ein wollenes Tuch, das den Hinterkopf bedeckte. Sie banden ihr Haar im *dzachiba*-Stil hoch, einen spitz zulaufenden Knoten im Nacken, der mit Rosshaar geschmückt war. Der Knoten wurde außerdem je nach Wohlhabenheit und Schichtzugehörigkeit der Trägerin mit silbernem und goldenem Schmuck herausgeputzt. Man sah aber auch Kopfbedeckungen, die dem *hari* ähnelten, wie *jalung* und *tungdumtze*, die aus Stoff waren und an den Zöpfen befestigt wurden.

Ich habe immer wieder sagen hören, dass Amdo viele seiner Sitten und Bräuche aus China übernommen habe, auch den Stil der Kleidung. Meiner Ansicht nach stimmt das nicht. Die Chinesinnen hatten lange Gewänder mit Gürtel und Knöpfen. Die Amdo-Frauen dagegen trugen das traditionelle tibetische Gewand, den *chuba*, den ich noch heute in Indien anhabe. Im Winter waren unsere Kleider pelzgefüttert und mit Baumwolle wattiert. Am Saum entlang lief eine bunte Bordüre, weiß, rot, gelb und grün, und darunter ein Besatz aus Otternpelz. In meiner Heimat trugen die Frauen nie die traditionellen Schürzen oder *pangdens*, die man bei den Damen von Lhasa sah.

Sich ohne Schmuck sehen zu lassen, war für erwachsene Frauen undenkbar. Jeden Finger musste ein Ring schmücken. Die Ohren waren jeweils übereinander zweifach durchstochen. Das untere Loch war für einen Ohrring von fünf bis dreizehn Zentimeter Länge bestimmt. Das obere zierte ein kleinerer Schmuckgegenstand. Der wichtigste Schmuck war jedoch der *hari*. Als verheiratete Frau trug ich einen *lenpai-hari*, der aus einem Stück bestand, mit einem *tangyo*, einem Gürtel, der am *hari* befestigt war. Die zwei Stoffstreifen, mit denen man das Haar zusammenband, hießen *jalong*. Sie reichten von der Taille bis zum Boden und waren mit Silber, Türkisen und Korallen verziert. Dazu trugen wir den *rawang*, eine Art Umhang mit zwei schmalen Bändern auf beiden Seiten und einem breiten Streifen in der Mitte. Alle diese Kleidungsstücke waren übrigens ausschließlich verheirateten Frauen vorbehalten.

Wenn wir morgens aufstanden, legten wir als Erstes den *hari* an. Ohne ihn durfte man den Gebetsraum nicht betreten. Es war einer Frau nicht gestattet, ihren *hari* in Gegenwart einer älteren Person abzulegen, auch nicht vor ihrem Schwiegervater oder ihrer Schwiegermutter. Eine verheiratete Frau durfte in Anwesenheit ihrer Schwiegereltern keinerlei Kopfbedeckung tragen, nicht einmal ein Taschentuch, ganz gleich, wie heiß die Sonne schien. Das wäre ein Zeichen mangelnden Respekts gewesen. Selbst bei der Feldarbeit durften Frauen ihren Kopf nicht bedecken. Waren nur junge Leute auf dem Feld und niemand Älteres in der Nähe, durften sie sich ein Taschentuch auf den Kopf legen. Diese Tücher bestanden aus schwerer Baumwolle. Man faltete sie vierfach und wand dann die Zöpfe darum herum.

Männer wie Frauen trugen das Haar lang und geflochten. Bei der Arbeit war es daher praktisch, den Zopf um den Kopf zu legen. Sobald jedoch ältere Personen vorüberkamen, wurden die Zöpfe als Zeichen des Respekts gelöst und hingen über den Rücken.

Das Haar der Frauen wurde in etwa siebzig dünne Zöpfchen geflochten. Nach der Haarwäsche brauchten wir immer einen ganzen Tag, um das Haar wieder zu flechten. Auf beiden Seiten des Kopfes flochten wir jeweils etwa fünfundzwanzig dünne Zöpfe und am Hinterkopf etwa zwanzig dickere. Normalerweise wuschen wir unser Haar jede Woche und die Zöpfe hielten bis zur nächsten Kopfwäsche. Wenn wir sehr viel Arbeit hatten, kam es auch vor, dass wir einen Monat nicht dazu kamen, unsere Zöpfe aufzuflechten.

Die Stiefel, die wir trugen, sahen anders aus als die *sombas* der anderen tibetischen Frauen. Unsere Stiefel hießen *yohai*. Sie waren kunstvoll bestickt und wurden am Knie geschnürt. Die Stiefelsohle war etwa vier Zentimeter dick und bestand aus Hanf, der mit Stoff überzogen wurde. Wir stellten diese Sohlen selbst her. Das Oberteil des Stiefels konnte aus Brokat, Seide oder irgendeinem anderen Material sein, das bestickt wurde. Als Bauern gingen wir im Sommer grundsätzlich barfuß. Trugen wir trotzdem einmal Schuhe, zogen uns die älteren Leute im Dorf auf und nannten uns »Großmütter«.

Meine Kinderkleider unterschieden sich kaum von der Kleidung der Erwachsenen, bis auf den *hari*. Kleine Mädchen hatten fünf Zöpfe, einen dünnen an jeder Seite des Kopfes und drei am Hinterkopf. Die Gürtel unserer Kleider waren höher angesetzt und saßen etwas über der Taille.

8

Traditionelle Feste

Das größte Fest des Jahres war das tibetische Neujahrsfest – *losar*. Mit diesem Fest waren umfangreiche
Vorbereitungen verbunden. Sie begannen am achten
Tag des zwölften Monats. Zwanzig Tage lang kneteten,
kochten und buken wir Nudeln, Gebäck, Rouladen,
kabse und *timomo*. Die fertigen Speisen ließen wir in
der natürlichen Kälte gefrieren und bewahrten sie so
lange im Vorratshaus auf, bis sie benötigt wurden.

Danach wurde Brot für den ersten, zweiten und
dritten Monat auf Vorrat gebacken. Es wurde ebenfalls
eingefroren und in langen Reihen aufgestapelt. Am
Vorabend des Tages, an dem das Brot gegessen werden
sollte, kam es in einen Behälter, der leicht erhitzt wurde.
Wenn man allerdings vergaß, es rechtzeitig heraus-
zunehmen, hatte man am nächsten Tag kein Brot, weil
es hart wie Stein wurde.

Am Abend des Neujahrsfestes kochten wir einen
Schweinskopf und etwas Schaf- und Schweinefleisch
(Geflügel oder Fisch standen bei uns nie auf dem
Speisezettel). Dann luden wir alle unsere Freunde und
Verwandten zum Abendessen ein, das aus Nudeln und

Fleisch bestand. In der Neujahrsnacht schlief niemand. Man trank Wein und amüsierte sich die ganze Nacht hindurch. Ich freute mich die ganze Zeit auf den Neujahrsmorgen, genau wie alle Kinder, und fieberte dem Fest entgegen. Immer wieder fragte ich: »Ist die Sonne schon da? Ist die Sonne schon aufgegangen?« Das war das Zeichen für den Beginn der eigentlichen Festlichkeiten.

Am Morgen des Festes gingen wir in unseren neuesten und schönsten Kleidern aus und legten unseren Pferden die kostbarsten Zaumzeuge und Sättel an. Die Leute entzündeten Feuerwerkskörper, feuerten aus Gewehren und sangen und riefen dabei »Lha gyal lo«, ein Festruf, der so viel bedeutet wie »Sieg den Göttern«. Wir besuchten alle unsere Freunde und brachten ihnen Geschenke, hauptsächlich Brot und Gebäck. Wir Kinder mussten uns an *losar* auf den Boden legen und in Gegenwart unserer Eltern, Großeltern und aller anderen Erwachsenen dreimal mit unseren Köpfen und Körpern den Boden berühren. Dann überreichten wir unsere Brotgaben und grüßten einander mit »*tashi deleg*« (»viel Glück«). Hielt sich zufällig ein Lama in der Nähe auf, gingen wir alle zu ihm, um uns segnen zu lassen.

Am zweiten Tag des Festes pilgerten wir zu verschiedenen heiligen Stätten. Fünfzehn Tage lang wurde gefeiert. Die Männer spielten Mah-Jongg und Würfelspiele. Die jungen Leute sangen und tanzten, und die Kinder spielten dazu das *sham-liu* oder Schwing-Spiel. Nach dem fünfzehnten Tag des ersten Monats setzten die alten Leute und diejenigen, die nicht arbeiten mussten, das Freudenfest fort, während die Jungen und die Dienstboten wieder zur Arbeit zurückkehrten. In Lhasa blieb die ganze Stadt vom zweiten Tag des Festes an feierlich ruhig, weil dann das große Gebetsfest, *monlan*, beginnt. Wir in Amdo kannten dieses Fest nicht.

Der nächste Festtag war der zweite Tag des zweiten Monats. An diesem Tag brachten wir unsere Pferde auf den Pferdemarkt. Dort wurden Pferde gekauft und verkauft und es fanden spannende Pferderennen statt. Dieses Fest wurde nur bei uns in Tsongkha gefeiert, in anderen Teilen Tibets war es unbekannt.

Ein anderes Fest fiel auf den achten Tag des vierten Monats. An diesem Tag geschahen viele übersinnliche Dinge. Orakel verfielen in Trance und machten Weissagungen. Ehepaare, die keine Kinder bekamen, konnten ihrem Kinderwunsch in einem Ritual Ausdruck verleihen. Sie mussten bestimmte vorgeschriebene Gebete sprechen und dreißig bis fünfzig Kübel Wasser vom Brunnen holen und dabei immer wieder sagen, dass sie sich ein Kind wünschten.

Der fünfte Tag des fünften Monats war ein Weinfest.

Am sechsten Tag des sechsten Monats wurde ein Picknick in einer Gegend mit Mineralquellen veranstaltet, die als besonders gesund galten. Das Quellwasser bei uns daheim war gut für Magen, Augen, Haar und Füße. Auf einem einzigen Hang entsprangen hundertacht solcher Quellen. Mädchen und Frauen zogen gemeinsam los, die Männer und Jungen bildeten eine eigene Gruppe. Sie hatten sogar unterschiedliche Speisen dabei. Wenn die beiden Gruppen bei den Quellen angelangt waren, tauschte man das Essen untereinander und sang sich gegenseitig Lieder vor. Diese Lieder durften nur in den Hügeln und nur an diesem Tag gesungen werden, nicht zu Hause. Auf diese Weise vertrieb man sich die Zeit unter bunten Sonnenschirmen. Was waren das immer für frohe, völlig sorglose Tage!

Am fünfzehnten Tag des achten Monats beschenkten sich Freunde und Verwandte gegenseitig mit einem bestimmten Gebäck, *yubin* oder Mondkuchen. Die Kuchen wurden dekorativ mit verschiedenen Früchten auf Tabletts arrangiert und zwischen achtzehn und neunzehn Uhr als Opfergaben ins Mondlicht gestellt. Dann zündeten wir für die Götter Butterlampen an und verneigten uns dreimal vor dem Mond. Danach durften wir die Früchte und den Kuchen essen. Manche von uns Kindern stopften sich still und heimlich, wenn keiner hinsah, die Taschen mit Köstlichkeiten voll.

Während der mongolischen Oberherrschaft in China waren die Herrscher beim Volk äußerst unbeliebt, und es kam zur Gründung von Geheimbünden. In einem Jahr brach am Abend des Mondfestes ein Aufstand gegen die Mongolen aus. In den Mondkuchen waren Briefe und Mitteilungen versteckt gewesen, die das Zeichen zum Losschlagen gaben.

Der neunundzwanzigste Tag des neunten Monats war der Gerbertag, der Tag der Pelz- und Lederhändler. Das Fest ist einer Gottheit dieser Zunft gewidmet. Pelzhändler brachten ihr Opfer dar, damit sich das Wetter änderte und kalt wurde und die Leute kamen und Pelze kauften.

Im zehnten Monat lud man Mönche in die Häuser ein, damit sie Gebetsformeln sprachen, und brachte Butterlampen dar. Am Abend gingen wir ins nahe gelegene Kloster und nahmen Butter mit, um die Butterlampen am Brennen zu halten. Da die Mönche in allen Häusern in der Nachbarschaft ihre Gebete sprachen, wechselten die Familien sich darin ab, für sie zu kochen. Wir Kinder nahmen am Abend unsere Essschalen und gingen in das Haus, in dem gerade gebetet wurde. Dort fanden wir einen riesigen Topf Nudeln vor. Jedes Kind musste sich selbst eine Schale voll Nudeln schöpfen. Die Erwachsenen holten sich ihren Anteil aus einem anderen Topf. Das ging acht Tage lang so, bis das Fest vorbei war.

Am neunten Tag des elften Monats mussten wir ein Pferd und ein Schaf vor dem Schlachter retten und drei Tage lang beten. Danach wurden die Tiere den Mönchen im Kloster überlassen. Auch Brot wurde gebacken und den Mönchen in Kumbum gebracht. Im Gegenzug sprachen sie Gebete für uns und segneten uns.

9.

Geisterspuk

Als ich klein war, hörte ich für mein Leben gern Geschichten, wie alle Kinder. Wir scharten uns dann immer um meinen Großvater und lauschten gebannt den Märchen und Legenden. Selbst die Erwachsenen fanden sich gern ein, wenn mein Großvater erzählte. Es war dann so gemütlich und anheimelnd. Die Frauen nähten und strickten und wir Kinder hockten auf dem Boden und waren von der Geschichte ganz gefangen. Ich habe das Erzähltalent meines Großvaters geerbt und nach meiner Heirat oft Erzählstunden für meine Kinder und die Nachbarskinder veranstaltet.

Als Dorfbewohner steckten wir natürlich voller Aberglauben und glaubten an Geister. Die meisten von uns waren schon persönlich einem Geist begegnet. Da gab es zum Beispiel einen bestimmten Geist, *kyirong*, der alle möglichen Gestalten annehmen und als Knabe, als Mädchen oder auch als struppige Katze daherkommen konnte. Ich selbst bin diesem Geist viele Male begegnet und bei vier Anlässen hat er mir schlimmes Leid zugefügt und mir schreckliche Angst eingejagt.

Einmal, als ich sehr krank war, erschien mir der

kyirong in Gestalt eines kleinen Mädchens. Es brachte mir eine große Schale chinesischen Tee und versetzte mir einen leichten Schlag auf den Kopf. Ich hatte schlafend im Bett gelegen und erwachte im Moment des Schlags von einem deutlich vernehmbaren Geräusch, obwohl ich keinen Schmerz fühlte. Das Mädchen forderte mich auf, den Tee zu trinken, doch ich weigerte mich. Als ich mich aufzurichten versuchte, sah ich auf einmal, dass die Schale voller Blut war. Das Mädchen huschte zur Tür und verschwand. Die ganze Zeit war ihr Gelächter im Raum zu hören.

In einem Haus in Tsongkha hatte sich ein *kyirong* regelrecht eingenistet. Die Familie war durchaus wohlhabend, doch wegen des Geists hätte niemand seine Tochter in diese unheimliche Familie einheiraten lassen. Und ganz gleich, wie schön oder klug die Töchter der Familie des Hauses auch waren, sie fanden keine Freier, weil die Leute sich vor ihnen zu Tode fürchteten. Am Ende wusste sich das Familienoberhaupt doch noch zu helfen. Der Mann fertigte eine Peitsche mit Stricken aus Schafwolle, schwang sie drohend in allen Räumen des Hauses und rief dazu: »Seist du schwarz oder weiß, zeig dich auf der Stelle! Du bist schuld, dass meine Kinder keine Ehemänner oder Ehefrauen bekommen.« Das versetzte den *kyirong* in Panik und er konnte sich nicht länger in dem Haus halten. Erst nach dieser Geisteraustreibung konnten die Kinder des Hauses Ehen eingehen. Es wurde erzählt, derselbe Geist habe danach Leuten auf der Straße aufgelauert und ihnen vorgejammert, sie könnten sich nicht vorstellen, wie elend sein jetziges Dasein sei. Er habe schreckliches Heimweh nach seinem ehemaligen Zuhause.

Auch in Lhasa trieb der *kyirong* sein Unwesen. Wir hatten ein gutes Pferd von der Familie gekauft, bei der ebenjener bewusste *kyirong* gewohnt hatte, und das Tier nach Lhasa mitgenommen. Mehrere Bekannte von uns begegneten daraufhin dem *kyirong*, der ihnen erzählte, er sei mit diesem Pferd nach Lhasa gekommen. Um dieselbe Zeit träumte ich, dass ein Mann in unsere Ställe eindrang und auf unserem Pferd davonritt, das damals gerade krank war. Als ich meinem Mann von dem Traum erzählte, meinte er, das Tier werde sicherlich sterben. Gegen Abend war das Pferd tot.

Der *kyirong* war wirklich ein unerfreulicher Geselle. Wenn er einen nicht mochte, stellte er das Haus auf den Kopf und warf sämtliche Möbel und Kochgeräte hinaus in den Hof. In der Küche brachte er alles, was irgendwie in Reichweite war, durcheinander. Er schüttete Säcke mit Erbsen und Mehl aus und richtete ein völliges Chaos an. Dabei hörte und verstand der Geist alles, was man zu ihm sagte. Er antwortete mit Kichern und Gelächter. Außerdem stahl er alles Essbare, aber nie Geld.

Einmal tranken meine Tochter und ich zusammen Tee, und ich bat sie, mir das übrig gebliebene gebratene Hammelfleisch zu holen. Als sie in die Speisekammer kam, war das Hammelfleisch verschwunden. Der *kyirong* hatte es genommen. Manchmal, wenn wir Klöße machten, waren die oberen Siebe des Dämpfers gefüllt, aber die unteren leer. Auch das war ein Werk des *kyirong*.

In einem Nachbarhaus in meiner Heimat wurde ein *kyirong* als Hausgenosse geduldet. Er hatte den Hausherrn gebeten, ihn aufzunehmen, und versprach, ihm dafür jeden Wunsch zu erfüllen. Einmal kam ein moslemischer Schuster ins Haus und blieb zehn Tage, um Schuhe und Stiefel für die ganze Familie anzufertigen. Dem Schuster fiel auf, dass ein Raum im Haus immer verschlossen war. Niemand ging in diesen Raum hinein oder kam heraus, doch von innen vernahm man manchmal einen krächzenden Laut, als ob jemand tief schlafe und schnarche. Dem Schuster war sofort klar, dass in diesem Raum der *kyirong* wohnte. Eines Tages ging sein Dienstherr aufs Feld, und der Schuster riegelte die Tür des Raumes auf, um einen Blick hineinzuwerfen. Zu seinem nicht geringen Entsetzen sah er darin eine Katze von der Größe eines Tigers, mit langen weißen Barthaaren, die bequem hingestreckt schlief wie ein Mensch.

Ich hatte einmal ein Dienstmädchen, dessen Tante nach vielen Ehejahren endlich einen Sohn zur Welt brachte. Eines Nachts entdeckte sie, dass das Kind tot war. Der Hals war ihm umgedreht worden. Später erzählte der *kyirong* anderen Leuten, dass er das Kind aus Eifersucht auf die Zärtlichkeit der Eltern für ihr Kind umgebracht habe.

Auch der Tod von vier meiner eigenen Kinder geht auf das Konto dieses Geistes. Nach der Geburt meines Sohnes Norbu[2] bekam ich noch zwei Söhne, die beide starben. Der eine Sohn erkrankte zehn Tage nach seiner Geburt an einer schweren Augeninfektion. Seine Augen schwollen völlig zu und er konnte sie nicht einmal beim Essen öffnen. Als ich nachts neben ihm lag, hörte ich auf einmal schwere Schritte an der Decke. Die Schritte wanderten hin zum Fenster, dann sprang die Tür auf, wie von Zauberhand geöffnet, und der *kyirong* kam herein und stand neben mir. In meiner Angst zündete ich hastig ein paar Öllampen an. Ich nahm mein neugeborenes Kind auf den Schoß und hielt es fest, überzeugt, dass der Geist dem Kind keinen Schaden zufügen konnte, solange ich es in den Armen hielt. Die Lampen flackerten und verglommen schließlich, bis ich völlig im Dunkeln saß und nichts mehr erkennen konnte. Allmählich verlor ich das Gefühl für Zeit und Raum. Eine Weile später hörte ich in einiger Entfernung das Weinen eines Kindes. Als ich die Augen aufschlug, entdeckte ich zu meinem Entsetzen, dass mein Kind drei Meter entfernt von mir auf dem Boden lag und weinte. Die Lampen waren wieder an und ich saß immer noch aufrecht. Es war mir unklar, wie mein Kind auf den Boden gekommen war.

Nach diesem Vorfall war mein Sohn zwei Wochen lang sehr krank. Seine Augen waren unförmig geschwollen. Er schrie ständig und ich konnte ihn mit nichts zur Ruhe bringen. Am Morgen entdeckte ich blutige Kratzspuren in und um seine Augen und Blutflecken auf seinen Wangen. Nach drei Wochen hörte sein Weinen auf, doch er schien wie leblos. Als er endlich die Augen öffnen konnte, waren seine zuvor braunen Augen zu meinem Schrecken blau geworden; er war blind.

Einige Zeit später suchte der Geist uns erneut heim, diesmal in Gestalt eines alten Mannes. Nach dem Besuch des Alten schwollen die Augen meines Sohnes wieder zu. Auch die Augen meiner ältesten Tochter waren geschwollen. In ihrem einen Auge entwickelte sich ein Gewächs, das sie bis zu ihrem Tod behielt. Diesmal verlief die Krankheit meines Sohnes tödlich. Er war kaum ein Jahr alt, als er starb.

Kurz darauf brachte ich einen weiteren Knaben zur Welt. Er war unsere ganze Freude. Doch obwohl er ein fröhliches und lebhaftes Kind war, hatten die Nachbarskinder aus irgendeinem Grund Angst vor ihm. Wenn sie vor unserem Haus spielen wollten, schauten sie immer erst nach, ob der Kleine in der Nähe war. Wenn er da war, liefen sie fort und versteckten sich. Er war ein äußerst aktives Kind, hing ständig an mir und bettelte um Süßigkeiten. Tragischerweise holte der *kyirong* auch diesen geliebten kleinen Sohn. Er bekam auf einmal aus unerfindlichen Gründen Durchfall. Eine Nacht lang war er sehr krank, dann starb er völlig unerwartet. Er war erst achtzehn Monate alt.

In der Nacht, in der mein Kind starb, träumte die Tante meines Mannes, dass uns ein Fremder besuchte. Beim Fortgehen trug er unseren kleinen Jungen auf dem Rücken. Sofort war ihr klar, dass irgendein schlimmes Unglück geschehen war. Die Begegnungen mit dem *kyirong* waren das Schrecklichste in meinem ganzen Leben.

10

Hochzeit

Meine Kindheit war glücklich, auch wenn ich im Haushalt helfen und viel arbeiten musste. Im Alter von sechzehn Jahren wurde ich verheiratet. Danach machte ich eine sehr schlimme Zeit durch. Doch ich bin als Buddhistin erzogen, und es ist ein fester Bestandteil unseres Glaubens, dass es unabdingbar ist zu leiden, wenn man ein volles, in sich ruhendes Leben leben will. Nur so wächst man innerlich und wird nicht einfach bloß älter, sondern zu einem wirklichen Menschen. Diese Grundüberzeugung half vor allem uns Frauen gegen die Verzweiflung und Hoffnungslosigkeit. Mich bewahrte dieser Glaube in den ersten schweren Jahren meiner Ehe vor dem geistigen Tod. Ohne diese innere Kraft wäre ich unter einem Dasein, das all der Dinge beraubt war, die ich geliebt hatte, zusammengebrochen.

Uns Mädchen wurde beigebracht, dass unsere einzige Zukunft in der Ehe und harter Arbeit lag. Wir führten ein streng zurückgezogenes Leben, bar jeglicher Abwechslung und jeglichen Amüsements. Manchmal wurden im Dorf Volksschwänke aufgeführt, doch selbst dort durften wir nur in Begleitung unserer Eltern erscheinen. Niemals durften wir das Haus allein verlassen. In Gasthäusern durften wir die Speisen nicht anrühren, weil die Köche grundsätzlich Chinesen waren und mein Vater unter der Einbildung litt, dass einem dort Eselsfleisch vorgesetzt würde. Sobald wir die Pubertät erreicht hatten, mussten wir, wenn Gäste im Haus waren, in unseren Zimmern bei der Arbeit bleiben. Wir durften uns nie zu den Gästen gesellen, selbst wenn wir sie uns gern einmal nur angeschaut hätten. Eine solche Neugier galt als schlechtes Benehmen.

Ehen wurden grundsätzlich von der Familie arrangiert. In der Amdo-Sprache nannten wir das *longchang*, »um eine Braut bitten«. Zunächst wurde ein Vermittler ausgesandt, um die Zustimmung des Großvaters der Braut einzuholen. Das elterliche Einverständnis spielte keine so große Rolle. Danach mussten der *ngagpa*, der Priester, und der Astrologe befragt werden, ob die Vorzeichen für die Verbindung günstig standen. Wenn er nach Durchführung eines *thudam*, einer Orakelbefragung, und nach dem Studium der Horoskope der beiden beteiligten Parteien zu der Auffassung kam, dass dies der Fall sei, wurde der Heirat zugestimmt. Der Astrologe war ein Lama. Sein Wort galt sehr viel. Ich hatte als junges Mädchen viele Verehrer, doch jedes Mal, wenn meine Familie zum *ngagpa* ging, lehnte er eine Heirat ab und sagte, wir würden nicht zusammenpassen.

Eine Ehe war eine Art Vertrag zwischen zwei Familien, der oft schon sehr früh geschlossen wurde, wenn die Beteiligten noch Kinder waren, acht oder zehn Jahre alt. Selbst für ein- oder zweijährige Kleinkinder wurden Ehen verabredet. Oder zwei Freundinnen machten miteinander aus, dass ihre noch im Mutterleib befindlichen Kinder später einmal heiraten sollten, vorausgesetzt, die eine brachte ein Mädchen und die andere einen Jungen zur Welt. War das Mädchen fünfzehn oder sechzehn Jahre alt, dann bat der Mann es sich zur Ehe aus mit der Begründung, er brauche jemand, der ihm den Haushalt führe.

Wurde ein Verlöbnis in Betracht gezogen, so galt das Augenmerk zunächst einmal den finanziellen Verhältnissen. Aber auch andere Faktoren spielten eine Rolle, wie zum Beispiel Wesenszüge in der Familie, vor allem die Persönlichkeit der Mutter der Braut. War die Mutter eine gute Frau, so ging man davon aus, dass auch die Tochter eine gute Ehefrau abgeben würde. Die Leute in Amdo arbeiteten alle schwer und legten daher besonderes Gewicht auf Ehrlichkeit. Wenn man Erkundigungen über eine Familie einzog, fragte man gewöhnlich als Erstes: »Sind ihre Knochen rein?« In der Regel war es das Ziel, in gesellschaftlich höher gestellte Kreise einzuheiraten. Doch wenn eine arme Familie einen besonders klugen oder geschickten Sohn hatte, galt auch er als gute Partie. Unter Verwandten war eine Eheschließung grundsätzlich verboten, ganz gleich, wie entfernt die Verwandtschaft auch sein mochte.

Die Eltern meines Mannes ließen, als er noch ganz klein war, in einem Kloster ein *thudam* für ihn durchführen. Der Spruch des Lamas lautete, er solle Mönch werden, sonst werde er jung sterben. (Merkwürdigerweise deckte sich dieser Spruch mit seinem Schicksal, weil er tatsächlich ziemlich jung starb.) Die Eltern meines Mannes handelten gegen den Rat des *thudam* und überredeten später ihren Sohn, eine Frau zu nehmen. Er stimmte nicht zuletzt deshalb zu, weil niemand im Haus war, der seine schon bejahrten Eltern versorgen wollte.

Einer unserer Nachbarn, der mit der Familie meines Mannes bekannt war, empfahl mich dort. Sie kamen auf meine Großeltern zu, die daraufhin ebenfalls ein *thudam* veranstalteten. Die Antwort fiel günstig aus. Es hieß, dass der Anfang der Ehe schwierig sein würde, sie sich aber später sehr viel besser gestalten werde. Vor allem meine Großmutter war von dem Heiratsangebot angetan. Sie sagte, dass ich ihr von all ihren Enkelkindern am nächsten stehe und sie sich deshalb besonders freuen würde, wenn gerade ich in die Familie des Taktser Rinpoche einheiraten würde, die allgemein einen sehr guten Ruf genoss. Sie hatte außerdem zwei der Töchter des Hauses anlässlich eines Festes in Kumbum kennen gelernt und beide hatten auf sie einen klugen und wohlerzogenen Eindruck gemacht.

So wurde beschlossen, dass ich den Neffen des Taktser Rinpoche heiraten sollte. Als der erste Heiratsantrag seiner Familie eintraf, war ich dreizehn. Der Vermittler, der den Antrag überbrachte, war ein alter Mann, der, wie es Brauch war, mit zeremoniellen Gewändern und Gaben beladen bei uns erschien. Er hatte Haarbänder, Stoffe für Kleider und Brokat für Gürtelschmuck dabei. Außerdem brachte er für jeden von uns einen Krug *chang*, Gerstenbier. Diese kleine Zeremonie war ein Zeichen der Zustimmung beider Seiten zu der künftigen Eheschließung.

Meine Reaktion auf all diese drohenden Vorzeichen bestand in einem klaren Nein. Ich sagte meinen Eltern, dass ich nicht heiraten, sondern zu Hause bleiben und meine Großmutter pflegen wollte. Als ich noch klein war, hatte ein Astrologe meinem Großvater einmal gesagt, man dürfe mich auf keinen Fall von zu Hause fortschicken, weil ich ein so liebes Mädchen sei. Würde mein Großvater mich in die Ehe zwingen, würde Unglück über die Familie hereinbrechen. Meine Eltern gaben jedoch nichts auf die Ansichten des Astrologen. Sie hatten schon mehrere Söhne und deren Frauen im Hause, und es war ihnen finanziell unmöglich, auch noch eine Tochter und ihren Mann mitzuernähren. Meine Großeltern und meine Eltern teilten mir deshalb klipp und klar mit, dass sie der Ehe zugestimmt hätten und ich von zu Hause fort müsse, wie schon meine jüngere Schwester vor mir. Ich versuchte zwar, meine Weigerung aufrechtzuerhalten, doch ohne Erfolg. Meine Großmutter meinte im Scherz, wenn ich zu Hause bliebe, würde ich ihnen bald »über die Köpfe fliegen«. Sie meinte damit, dass ich die Herrschaft über den Haushalt an mich reißen würde. Heute würde sich ein Mädchen den Wünschen ihrer Eltern mit allen Kräften widersetzen, wenn sie den für sie ausgesuchten Mann nicht heiraten wollte. Doch zu meiner Zeit waren wir Mädchen viel zu naiv für so etwas.

Für die Hochzeit brauchte ich als Teil meiner Aussteuer eine große Anzahl Kleider und Schuhe, Ohrringe und Ringe. Eine Heirat brachte damals einen Riesenaufwand mit sich. Es galt, fünfunddreißig Paar Schuhe und zweiunddreißig komplette Ausstattungen anzufertigen. Drei Jahre lang nähte meine Mutter von Hand meine Kleider, Schuhe und andere notwendige Dinge, die ich mitnehmen sollte, während sie daneben ihren sämtlichen anderen Haushaltspflichten nachkam. Ich bewunderte das Geschick meiner Mutter für Handarbeiten immer sehr. Ihre Schneider- und Stickkunst suchten ihresgleichen. Vom Kopfputz bis zu den Sohlen meiner Stiefel stellte meine Mutter jedes einzelne Stück selbst her. Hatte sie ein Teil fertig gestellt, faltete sie es sorgsam zusammen und legte es in eine Truhe. Niemand sonst durfte die Kleider anfassen, die sie angefertigt hatte. Besonders schweres Unglück sollte es bringen, wenn eine Schwangere ein Stück der Aussteuer einer Braut berührte. Kam es doch einmal vor, dann mussten ganz bestimmte und genau vorgeschriebene Reinigungsrituale vollzogen werden.

Als ich vierzehn war, kam der Vater meines künftigen Mannes zu uns und bat darum, mich seinem Sohn jetzt schon zur Frau zu geben, da er und seine Frau alt seien und gern jemand im Haus hätten, der sich um sie kümmerte, und auch ihren Sohn versorgt wissen wollten. Ihre beiden Töchter hatten ihre Ehemänner in den Haushalt der Eltern mitgebracht, weil es in der Familie zu wenig Söhne gab. Diese Schwiegersöhne waren jedoch nie zu Hause, sondern trieben sich irgendwo herum und verhielten sich den Eltern meines

Mannes gegenüber oft feindselig. Die Töchter litten sehr darunter, was sich wiederum nachteilig auf die Erfüllung ihrer Haushaltspflichten auswirkte. Meine Eltern meinten jedoch, ich sei noch zu jung und wüsste noch überhaupt nichts von der Hausarbeit. Wenn ich sechzehn sei, könne man über eine Heirat reden.

Ihren endgültigen Abschluss fanden die Heiratspläne dann mit dem formellen Erscheinen eines Vermittlers aus der Familie des Bräutigams. Wenn er ins Haus der Braut kam, wurde ihm zuerst der Hut heruntergerissen und ein Kübel Wasser über den Kopf gegossen. Dann wurden ein Rettich, etwas Schmalzgebäck und zwei Schafsschwänze mit dickem, buntem Garn an seinem Hut befestigt. Sämtliche Frauen des Hauses lauerten schon an der Tür auf ihn, die langen Ärmel gefüllt mit *tsampa*. Singend und tanzend, bewarfen sie ihn mit *tsampa*. Manchmal rieben sie seine Kleider und sein Gesicht auch mit Asche und Öl ein. Dieser symbolische Widerstand sollte die Trauer der Familie und ihr Zögern, sich von ihrer Tochter zu trennen, zum Ausdruck bringen.

Zwischen Verlöbnis und Hochzeit mussten einige Monate liegen. Bei mir waren es zwei Monate. Während dieser festlichen Zeit rüsteten meine Verwandten mütterlicherseits und väterlicherseits alles zur Hochzeit. Eine Unmenge besonderer Speisen wurde zubereitet. Es wurde Wein getrunken, und alle unsere Nachbarn, Freunde und Bekannten wurden eingeladen, sich an den Vorbereitungen zu beteiligen, die jeweils von ganz bestimmten Liedern begleitet wurden.

Endgültig verheiratet wurde ich im elften Monat des

Jahres 1917. Das Datum war vom Astrologen festgelegt worden, nachdem er unsere Horoskope gelesen hatte. Wir hatten zahllose Gebete gesprochen und die Götter angefleht, dass kein Unheil die Braut und ihren Brautzug treffen möge.

Unmittelbar vor der Hochzeit schenkten mir meine Schwiegereltern zwanzig Kleidungsstücke, Schuhe und *haris*. Es war üblich, dass die Braut, wenn sie ihr Elternhaus verließ, Kleider trug, die sie von der Familie des Bräutigams erhalten hatte. Meine Schwiegereltern schickten mir auch ein Pferd, auf dem ich in meine neue Heimat reiten sollte. War die Familie des Bräutigams einigermaßen wohlhabend, so machte sie der Brautfamilie bestimmte vorgeschriebene Geschenke. Der Schwiegervater gab ein gutes Pferd, und die Schwiegermutter schenkte der Brautmutter eine *dzomo*, damit sie Milch hatte. Die *dzomo* wurde mit kostbarem Brokat geschmückt und das Pferd mit Glücksschleifen und Bändern.

Am Abend vor der Hochzeit wurde mein Haar von einem Mädchen, dessen Geburtshoroskop gut zu meinem passte, gewaschen und zurechtgemacht. Ich war im Jahr des Eisernen Ochsen geboren. Das Mädchen, das mir die Haare frisierte, musste deshalb im Jahr des Hundes, Vogels oder Ochsen geboren sein. Danach knoteten die Frauen aus meiner Familie schwarze Fäden in mein Haar und weigerten sich, meinen *hari* befestigen zu lassen, wobei sie die ganze Zeit zum Zeichen des Kummers laut weinten. Schwangere Frauen oder Witwen durften nicht in meine Nähe kommen.

Früh am nächsten Morgen trafen die Gäste ein und wurden den ganzen Tag mit festlichen Darbietungen unterhalten. Am Tag darauf musste ich ins Haus des Bräutigams reisen. Die Stunde des Aufbruchs errechnete wiederum ein Astrologe. Ich hatte mein Elternhaus um sechs Uhr morgens zu verlassen. Vier oder fünf Frauen sollten mir das Geleit geben. Sie mussten für ihre Aufgabe gut singen können. Ich zog mich also für die Reise an und wartete dann auf dem *kang* auf meine Begleiterinnen. Als sie da waren, erhob ich mich, und die Frauen sangen für mich: »Kleide dich gut und schling deinen Gürtel richtig, sonst wirst du später den Gürtel nie richtig tragen können, ganz gleich, wie sehr du dich mühst. Ist dein Kleid jetzt zerknittert, so wird es immer zerknittert sein.« Alle Frauen weinten, während sie sangen, auch ich.

Schließlich forderten meine Begleiterinnen mich auf, von meiner Familie und unserer Familiengottheit Abschied zu nehmen. Auch diese Aufforderungen erfolgten in Liedform. Ich ging in den Altarraum, wo ich mich dreimal zu Boden warf. Dann tat ich dasselbe in der Küche. Danach trat ich in den Hof, wo an einer langen Stange Gebetsfahnen wehten. Ich ging dreimal um die Stange herum, dann bestieg ich mein Pferd. Man reichte mir ein rotes Wolltuch, um mich darin einzuhüllen, so dass niemand mein Gesicht und meine Hände sehen konnte. Ich durfte nicht umherschauen und hockte zusammengekauert auf dem Pferd. So brachen wir zum Haus des Bräutigams auf; zu beiden Seiten von mir ritten je zwei Sängerinnen.

Mein Vater und mein Bruder begleiteten mich, während meine Mutter und die anderen Familienmitglieder zu Hause bleiben mussten. Als ich fortritt, wiederholte mein Vater mehrmals in einer Art Klagegesang: »Sonam Tsomo, *yong wa chi*«, »Sonam Tsomo, komm heim.«

Zur gleichen Zeit nahm meine Mutter alle Kleider, die ich am vorigen Tag getragen hatte, und verbrannte sie im Herd. Sie wehklagte in den Herd und rief dabei voll Angst und Kummer mehrmals meinen Namen. All diese Bräuche sollen die Trauer über die endgültige Trennung von der Tochter zum Ausdruck bringen.

Sämtliche Gäste, bereits zu Pferd und angetan mit ihrem feinsten Staat, verfolgten aufmerksam meinen feierlichen Aufbruch und schlossen sich mir dann an. Ich hatte Kleider, Hüte und Stiefel für meinen Bräutigam dabei, dazu Kleider für seine Mutter und Schuhe und andere Geschenke für seinen Vater. Hatte der Bräutigam berühmte Verwandte, erhielten auch sie Kleider. Entferntere Verwandte bekamen Glücksschleifen. Wenn es besonders viele Geschenke zu überbringen gab, kamen Leute mit, um der Braut beim Transport zu helfen. Ein solcher Brautzug konnte ohne weiteres zwanzig oder dreißig Reiter zählen, wenn die Familie sehr reich war sogar fünfzig oder sechzig. Die ganze Zeit über wurde gesungen.

Auf der Hälfte des Weges in mein neues Heim, einer Reise von etwa sechs Stunden, kehrten die Sängerinnen nach Hause zurück, und ich wurde für den Rest der Strecke von zwei älteren Frauen begleitet. Als der

Brautzug kurz vor dem Wohnort des Bräutigams anlangte, kam uns der Bräutigam mit einem Reiterzug entgegen. Sie trieben ihre Pferde an und rissen sich gegenseitig spielerisch die Hüte herunter. Dann reichten sie meinen Begleitern Tee, eine wohlschmeckende Suppe und Brot. Ich bekam etwas anderes: mit Datteln gedünsteten süßen Reis.

Kurz vor der Ankunft kam uns ein alter Mann, der so genannte *janggu* (»der vorausgeht«), entgegen. In einiger Entfernung vom Haus des Bräutigams stiegen meine Begleiter vom Pferd und schritten neben mir her. Sie hielten die Zügel meines Pferdes und sangen. Am Eingang des Anwesens standen Mönche und sprachen Gebete. Der Astrologe legte fest, an welcher Stelle ich vom Pferd steigen sollte: im Norden, Süden, Osten oder Westen. Dann wusch er meine beiden Begleiterinnen symbolisch mit Milch. Ich hielt inzwischen mein Gesicht mit den Handrücken bedeckt. Ich durfte mich von niemand ansehen lassen. Genauso wenig war es mir erlaubt, jemand anzuschauen. Ein etwa sechs Zentimeter breites, silberverziertes Brokatband mit Quasten, das ich über der Stirn trug, nahm mir ohnehin jede Sicht.

Zwischen den beiden Hochzeitszügen entspann sich ein rituelles, genau festgelegtes Zwiegespräch in Reimform. Dem Bräutigam wurde eine Glücksschleife überreicht. Er ritt damit zum Haus und brachte ein Gewand für mich, eine Glücksschleife und ein Butteropfer als Gegengaben. In der Zwischenzeit sprach der *janggu* in einem gleichmäßigen Singsang zeremonielle Formeln.

Der Bräutigam reichte dem alten Mann das Gewand und versuchte, zu Pferd ins Haus einzudringen. Nach mehreren Anläufen baten ihn die anderen, den Versuch aufzugeben, und er stieg letztendlich vom Pferd.

Nun wurden ein Sack Brennholz, *tsampa*, drei Gefäße mit Gerste und ein mit dem Motiv der Sonne und des Mondes geschmückter Krug an der Tür abgestellt. Am Eingang wartende Mädchen und der Astrologe sagten Gebetsformeln auf. Die Mitglieder des Brautzuges stiegen ebenfalls vom Pferd und betraten das Haus über die Küche, wo wir uns alle das Gesicht wuschen. Ich konnte wegen des Stirnschmucks nichts sehen, daher nahmen mich meine beiden Begleiterinnen an der Hand und führten mich zu einem riesigen Topf mit Tee, der aus Milch, Teeblättern und Salz zubereitet war. Vier Teeschalen wurden in den vier Himmelsrichtungen aufgestellt. Nun musste ich den Tee mit drei genau festgelegten kreisenden Bewegungen umrühren. Ich füllte und leerte dreimal eine hölzerne Teekanne, danach füllte ich die vier Schalen bis zum Rand. Das war die Einleitungszeremonie.

Nun wurde die Brautgesellschaft ins Haupthaus geleitet, wo man uns bat, Platz zu nehmen. Männer und Frauen, Alte und Kinder füllten die Räume, und es wurde gesungen. Die Brautgesellschaft und die Hausbewohner sangen sich in Frage- und Antwortform gegenseitig an, zum Beispiel.: »Wir kommen von weit her und trinken Tee. Wie schmeckt Wasser?«

Am Abend gab es dann ein großes Festmahl. Wieder wurde viel gesungen, eine Art Scherzlieder, mit denen man sich gegenseitig aufzog. Meine Leute sangen dem Koch in der Küche zu: »Du bist nicht nett. Das Essen ist fad. Die Rettiche und das Fleisch sind nicht gar.« Die Entgegnung der weiblichen Mitglieder des Haushalts des Bräutigams lautete: »Schämt ihr euch nicht mit euren dicken Bäuchen? Wenn man eine Schale Tee trinkt, ist man ein Mensch. Aber wer zwei oder drei Schalen Tee trinkt, ist eine Kuh.«

Danach wurde meine Aussteuer aus der Truhe geholt, damit alle sie in Augenschein nehmen und die Geschicklichkeit meiner Mutter im Sticken und Nähen bewundern konnten. Dann wurden meine Habseligkeiten meinen Schwiegereltern übergeben und alle Gäste verließen das Haus des Bräutigams. Niemand durfte bleiben, auch ich nicht. Ich verbrachte die Nacht mit meinen beiden Begleiterinnen in einem Nachbarhaus. Unsere Hauptmahlzeit bestand aus süßem Reis mit Milch. Meinen künftigen Ehemann hatte ich, abgesehen von der kurzen Begegnung zu Pferd, noch nicht zu Gesicht bekommen.

Am nächsten Vormittag gegen zehn Uhr wurde ich in das Haus des Bräutigams zurückgeführt und die eigentliche Hochzeitszeremonie wurde vollzogen. Nun war es so weit, ich legte offiziell den *hari* an, und zwar bereits vor dem Haus. Ich hatte ja bereits auf der Reise zum Bräutigam einen *hari* getragen, doch war es mir nicht gestattet gewesen, ihn richtig zu befestigen, sondern ich musste ihn an beiden Seiten offen tragen. Nun, da ich eine verheiratete Frau war, wurde er fest um meine Taille geschlungen. Der *hari* bestand aus drei

Hauptstücken: zwei Seitenteilen und einem Rücken-teil, das lang nach unten fiel. Die Familie des Bräuti-gams hatte mir die beiden Seitenbänder geschickt, das mittlere Band schickte mir meine Mutter. Die Bänder waren bisher provisorisch mit Wolle zusammengehal-ten gewesen. Nun wurden die Wollfäden mit der Schere durchgetrennt. Das Horoskop der Person, die die Fäden durchschnitt, musste mit dem meinen harmonieren. Die Person erhielt eine Glücksschleife und eine Schale Wein und wurde förmlich gebeten, den *hari* durchzu-schneiden. Diese zeremonielle Handlung unterstrich symbolisch, dass ich von jetzt an eine verheiratete Frau war. Vom Taktser Rinpoche, dem Bruder meiner Schwiegermutter, bekam ich meinen neuen Namen, Diki Tsering.

Der Brauch schrieb vor, dass der Bräutigam sich während dieser Zeit irgendwo verborgen hielt. Dann mussten Leute ausgeschickt werden, um nach ihm zu suchen; sie konnten ihn aber nicht gleich finden. Ich hatte zu warten, während alles auf den Beinen war und nach ihm suchte. Als er schließlich in seinem Versteck gefunden war, wurde er gebeten, herauszukommen, weil ich von der weiten Reise sehr müde sei. Nun zeigte sich mein Ehemann und erhielt eine Glücksschleife. Erst jetzt wurde mein *hari* endgültig befestigt. In diesem Augenblick sahen wir uns zum ersten Mal aus der Nähe.

Am nächsten Tag kehrte meine gesamte Familie einschließlich meiner Person nach Hause zurück. Vor dem Aufbruch brachte die Familie meines Mannes

Schaffleisch und Festbrot als Gaben für meine Leute. An diesem Tag begegnete ich zum ersten Mal meiner Schwiegermutter. Sie sah mich liebevoll an, sprach einige tröstliche Worte und schenkte mir Schmuck. Laut Horoskop sollte ich nochmals zehn Tage bis zu einem Monat im Haus meiner Eltern verbringen. Danach sollte mich mein Vater ins Haus meines Mannes zurückbringen.

Bei meinem zweiten Einzug ins Haus meines Mannes empfingen mich am Eingang ein Mann, eine Frau und eine zeremoniell reine Person – verwitwete Personen und schwangere oder unfruchtbare Frauen waren von diesem Amt grundsätzlich ausgeschlossen. Ein Fruchtbarkeitsritus wurde vollzogen. Man reichte mir eine Schale Milch, die ich dreimal im Uhrzeigersinn drehen musste; danach betrat ich das Haus. Dann goss ich den männlichen Mitgliedern des Haushalts – meinem Schwiegervater und dem älteren Bruder meines Mannes – *chang* ein. Die Großeltern meines Mannes waren schon lange tot. Danach wurde ich von sämtlichen weiblichen Verwandten meines Mannes in mein Zimmer geleitet.

In den ersten Tagen meines Ehelebens musste ich keinerlei Arbeit verrichten. Erst nach fünf Tagen begannen meine häuslichen Pflichten. Anfangs teilte ich nicht einmal das Zimmer mit meinem Mann, sondern wohnte bei den Frauen. Erst nach drei Wochen bekamen wir einen gemeinsamen Raum. Mein Mann war zum Zeitpunkt unserer Heirat siebzehn Jahre alt.

Sobald eine Tochter verheiratet war und ihren Anteil am Familienbesitz erhalten hatte, unterstand sie nicht länger der Verantwortung ihres Elternhauses, sondern schuldete nun ihren Schwiegereltern und ihrem Mann absoluten Gehorsam. Die meisten Familien ließen ihre Schwiegertöchter aus ganz praktischen Erwägungen höchst ungern auch nur für kurze Zeit fort. Eine Frau durfte eigentlich zwei bis drei Monate im Jahr zu Besuch in ihr Elternhaus zurückkehren, doch dann musste die Familie ihres Mannes einen vorübergehenden Ersatz für sie finden, gewöhnlich eine bezahlte Arbeitskraft, die bis zur Rückkehr der Frau deren Arbeit verrichtete. Mir erging es in dieser Hinsicht nicht besser, zumal die Familie meines Mannes relativ klein war und wir keine zusätzlichen Arbeitskräfte hatten.

Schwiegertöchter hatten fast immer ein schweres Los und wurden gehalten wie Dienstboten oder Vieh. Manche Schwiegermütter behandelten ihre Schwiegertöchter wie Sklavinnen und gaben ihnen weder genug zu essen noch entsprechende Kleidung. Viele verheiratete Frauen begingen deshalb aus Verzweiflung Selbstmord. Außer von den Gemahlinnen hoch gestellter Regierungsbeamter wurde von Frauen grundsätzlich erwartet, dass sie hart arbeiteten und die gleiche Arbeit taten wie das Gesinde. War der Ehemann mit der Ehe unzufrieden, konnte er sie nach Gutdünken beenden. Die Frau dagegen durfte, ganz gleich, wie schlimm mit ihr umgesprungen wurde, weder ein Wort der Klage verlauten lassen, noch durfte sie einfach ihr Bündel schnüren und gehen. Sie hatte sich schweigend in ihr

Schicksal zu fügen. Wenn eine Schwiegertochter extremen Grausamkeiten ausgesetzt war, konnte die Familie der Frau den Fall vor Gericht bringen, doch die Gesetze begünstigten damals im Allgemeinen die Schwiegereltern. Der einzige Lichtblick war, dass die Position der Schwiegertochter sich nach ein paar Ehejahren, wenn sie etwas mehr Autorität gewonnen hatte, in der Regel verbesserte.

Erwies sich, dass eine Frau unfruchtbar war, so durfte ihr Mann eine zweite Ehe eingehen. In diesem Fall fand eine bescheidenere Hochzeitszeremonie statt, bei weitem nicht so aufwendig wie bei der ersten Heirat. Stellte sich nach ein paar Ehejahren heraus, dass die zweite Frau ebenfalls unfruchtbar war, konnte der Mann eine weitere Frau nehmen und so fort, bis eine der Frauen ihm schließlich Kinder schenkte. Auch wenn ein Mann mehrere Frauen hatte, lebten alle im gleichen Haushalt. Die erste Frau hatte dabei, obwohl sie unfruchtbar war, den höchsten Status im Haus und die meiste Macht. Ihr Wort war Gesetz. Die anderen Frauen schuldeten ihr höchsten Respekt. Oft wurde aber auch ein Kind adoptiert, wenn keine ehelichen Kinder da waren und der Mann nicht noch einmal heiraten wollte.

Starb der Mann, so war es der Frau, auch wenn sie noch jung war, nicht gestattet, vor Ende der dreijährigen Trauerzeit wieder zu heiraten. Danach aber musste sie, ungeachtet ihrer eigenen Wunsche, grundsätzlich eine neue Ehe eingehen. Sie durfte unter keinen Umständen Witwe bleiben. Ihre Verwandten führten bereits während der Trauerzeit unter der Hand heimliche Verhandlungen mit interessierten Familien und bezahlten den zweiten Ehemann eventuell sogar für die Eheschließung. Die Frau wurde ohne Rücksicht auf ihre Gefühle verschachert, weil sie als finanzielle Belastung betrachtet wurde. Ich erinnere mich noch an eine solch Unglückliche, die, gefesselt und geknebelt, mit Gewalt fortgeschleppt wurde, um wieder zu heiraten. Viele Witwen sprangen wegen dieser grausamen Sitte von hohen Felsen oder erhängten sich.

Es gab in Amdo damals auch die Scheidung. Dazu wurde ein formelles wechselseitiges Abkommen aufgesetzt, das der Mann als Hauptperson unterzeichnete. Er musste erklären, dass er sich hiermit von seiner Frau trenne und sie frei sei, wieder zu heiraten und ihr eigenes Leben zu führen. Existierte kein solcher unterschriebener Vertrag, konnte keine Scheidung erfolgen. Ehebruch wurde in unserer Region nicht toleriert, wie in anderen Teilen Tibets. Kam so etwas vor, wurde die Frau zur Strafe von ihrer eigenen Familie umgebracht.

11.

Weibliche Pflichten

Nach meiner Heirat lebte ich in Taktser, etwa fünfundzwanzig Kilometer von meinem Geburtsort Churkha entfernt. Die Gegend stand in dem Ruf, dass hier hauptsächlich Mädchen und nur wenige Jungen geboren würden. Aus diesem Grund ließ der ehemalige Taktser Rinpoche einen *chorten* oder *stupa*³ errichten, damit die Frauen mehr Knaben gebären konnten. Dem Vernehmen nach kamen tatsächlich mehr Knaben zur Welt, seit er den *stupa* gebaut hatte. Vor allem aber verließen die Töchter in dieser Region bei der Eheschließung nicht ihre Heimat, sondern brachten ihre Ehemänner in die Familie mit, um die Arbeitskräfte auf dem elterlichen Hof zu verstärken.

Taktser lag am Hang. Das Gebiet war steil und felsig und sehr waldreich, was die Bestellung des Bodens stark erschwerte. Außerdem gab es kein Bewässerungssystem. Wir waren völlig auf den Regen angewiesen. Unser Haus war einstöckig. Wir wohnten zum Innenhof hin. Hier stand auch die Stange für die Gebetsfahnen. Die Ställe und die Unterkünfte für das Gesinde lagen zum zweiten, äußeren Hof hin.

Meine neue Heimat war einen etwa neunstündigen Ritt vom Haus meiner Eltern entfernt. Ich sollte sie künftig etwa ein Mal im Jahr zu sehen bekommen, wenn mein Vater mich zu Besuch nach Hause holte. Die meisten Frauen in der Gegend besuchten ihre Eltern nach der Saatzeit, im vierten Monat, wenn es weniger Arbeit gab. Wenn ich daheim war, stattete mich meine Mutter jedes Mal mit Kleidung für das ganze Jahr aus. In Tsongkha war es üblich, dass junge Frauen elegant auftraten und Kleider nach der neuesten Mode und in den leuchtendsten Farben trugen. Meine Mutter nähte immer auch Kleidungsstücke für meine Schwiegereltern und für meinen Mann. Diese Geschenke sollten zur Verbesserung des Verhältnisses zwischen den beiden Familien beitragen, das nach wie vor gespannt war.

Ganz am Anfang meiner Ehe lag die Hauptlast der Hausarbeit auf der Schwester meines Mannes. Sie hatte ihren Ehemann mit in die Familie gebracht. Er konnte sich jedoch nicht recht in das Hauswesen einfügen und wollte eigentlich nicht bei seinen Schwiegereltern wohnen bleiben. So kam es, dass sie schon einen Monat nach meiner Hochzeit zu seiner Familie zogen. Von da an blieb die gesamte Hausarbeit an mir hängen.

Meine Schwiegermutter hatte ebenfalls nicht nach auswärts geheiratet; ihr Mann war in ihre Familie gekommen. Lange Jahre bekam sie keine Kinder. In ihrer Verzweiflung machte sie mehrere Pilgerreisen und brachte zahllose Gebete für die Geburt eines Sohnes dar. Sie gelobte der Göttin der Fruchtbarkeit, wenn ihr Herzenswunsch sich erfüllen würde, wolle sie ihr herrliche Gewänder schenken. Bei einem der vorgeschriebenen Rituale musste sie in eine dunkle Höhle hineingehen und sich so lange vorwärts tasten, bis sie irgendeinen Gegenstand berührte. Es hieß, wenn die Hand eine Schlange streife, würde man nie ein Kind empfangen. Ihre Hand berührte jedoch einen Kinderschuh. Neun Monate später empfing sie einen Sohn. Nach der Geburt des Kindes fertigte sie das Gegenstück zu dem Schuh, den sie gefunden hatte, und eine kostbare Kleidergarnitur für die Göttin und sandte beides ins Kloster. Sie war zu diesem Zeitpunkt bereits neunundvierzig Jahre alt.

Meine Schwiegermutter tat nie auch nur einen Handschlag im Haus. Noch dazu war sie eine Despotin, die jeden herumkommandierte und vor nichts und niemand Angst hatte. Sie ließ sich sehr stark von ihren Gefühlen und Einbildungen leiten und hatte eine Vorliebe für gutes Essen, schöne Kleider und ein bequemes Leben. Auffallend war ihre peinliche Sauberkeit. Wenn irgendwo im Haus auch nur ein einziges Grashälmchen herumlag, entdeckte sie es und warf es weg. Ihr aufbrausendes Temperament verleitete sie mehr als einmal zu Handgreiflichkeiten. Als Schwiegertochter hatte ich all ihre Launen und Schikanen widerspruchslos zu ertragen. Da sie mich bevorzugt zur Zielscheibe ihrer spitzen Zunge machte, hatte ich viel auszuhalten. Wenn sie auf dem *kang* ihre Mahlzeit einnahm, durfte ich nicht im selben Raum mit ihr bleiben, sondern musste in die Küche gehen. Selbst dort durfte ich grundsätzlich nur im Stehen essen.

Andererseits konnte sie aber durchaus auch warmherzig und großzügig sein und teilte stets gleichmäßig und gerecht. Manchmal rührte es mich, dass sie trotz allem an mich dachte. Bei der harten Arbeit draußen auf dem Feld zerrissen unweigerlich die Enden meiner Ärmel. Meine Schwiegermutter versuchte immer wieder, sie für mich zu flicken, obwohl sie überhaupt nicht nähen konnte. Ich musste sie jedes Mal noch einmal flicken, weil sie noch schlimmer aussahen als vorher.

Mein Schwiegervater war sehr in der Landwirtschaft beschäftigt und ging jeden Tag zweimal mit den Feldarbeitern hinaus. Er war ein gütiger und freundlicher Mann. Ich hatte bei der Weizenernte immer Schwierigkeiten, die Garben zusammenzubinden. Dann half er mir ohne viel Aufhebens. Er wusste überhaupt nicht, wie man mit jemandem schimpft. Die härteste Rüge, die je über seine Lippen kam, war ein halblautes: »Wie ungeschickt!« Zerbrach ich Geschirr, wagte ich nie, es meiner Schwiegermutter zu gestehen, und vergrub die Scherben. Dann ging ich zu meinem Schwiegervater und erzählte ihm, heftig schluchzend, von meinem Missgeschick. Ich höre noch heute seine Worte: »Warum hast du die Schale denn nicht richtig festgehalten? Wenn deine Schwiegermutter danach fragt, sag ihr, dass du nichts davon weißt. Ich werde sagen, dass ich sie zerbrochen habe.«

Das Verhältnis zwischen Mann und Frau war alles andere als gleichberechtigt. Die Frau stand immer unter dem Mann, auch wenn sie in häuslichen Angelegenheiten das Sagen hatte. Mein Mann war ein ehrlicher,

aufrechter Mann, aber auch jähzornig und herrsch-
süchtig. Dazu war er ein leidenschaftlicher Spieler und
Lebemann und ritt mit Vorliebe schnelle Pferde. Wie
seine Mutter machte auch er keinen Finger krumm. Er
war ständig unterwegs und wusste kaum, was auf seinen
Feldern ausgesät war.

Ein Bruder meines Mannes war Schatzmeister im
Kloster Kumbum. Er war ein gütiger Mensch und sehr
freundlich zu mir. Einmal bot er mir sogar an, sollte
mich mein Mann jemals schlagen, solle ich meine
kleine Tochter nehmen und zu ihm ins Kloster
kommen. Es ärgerte ihn, dass mein Mann mich bei der
Arbeit im Stich ließ, ständig fort war und sich ein
schönes Leben machte. Auch die beiden Schwestern
meines Mannes waren sehr gut zu mir. Wann immer sie
auf Besuch kamen, halfen sie mir bei der Arbeit, auch
wenn es nur für ein paar Minuten war.

Solange meine Schwiegermutter lebte, war sie die
höchste Autorität im Hause. Doch nach ihrem Tod
übernahm ich die alleinige Verantwortung und Oberaufsicht über die Dienstboten, die Feldarbeit, die Fi-
nanzen und den Kauf und Verkauf unserer landwirtschaftlichen Erträge.

In der Regel stand ich um ein Uhr nachts auf, um
Wasser für die Dienstboten und Landarbeiter zu holen.
Ich ging so früh, weil um diese Zeit weniger Gedränge
an der Wasserstelle herrschte. Trotzdem mussten wir
uns selbst um diese Uhrzeit in einer Schlange anstellen.
Man musste das Wasser sehr vorsichtig aus dem Brunnen heraufziehen, um die Ablagerungen am Grund

nicht aufzuwirbeln. Wenn eine von uns den Schlamm aufrührte, regten sich die anderen Frauen auf, und es gab Streit und böse Worte. Manchmal musste ich zehnmal am Tag zum Brunnen gehen, doch gewöhnlich reichten fünf- oder sechsmal. Damit im Winter mir die Hände nicht erfroren, rieb ich sie dick mit Hammelfett ein.

Meine Schwiegereltern standen gegen sieben Uhr auf. Ich musste ihnen dann Tee bringen, und meine Schwiegermutter schalt mich, wenn ich nicht schnell genug war. Außerdem musste ich die Böden wischen, den Herd anheizen und gesalzenen Tee für die Dienstboten aufbrühen. Sie wollten ihren Tee unbedingt gesalzen haben, weil sie meinten, dass das Magenbeschwerden vorbeuge. Gegen halb neun bekamen wir alle die erste Mahlzeit und dann gingen die Arbeiter aufs Feld. Ich fütterte und molk die Tiere. Alle fünf oder sechs Tage musste ich die *kangs* mit einer Harke auskratzen und neu mit Dung und Stroh füllen.

Gegen zwölf Uhr trug ich den Landarbeitern ihr Mittagessen in einem Korb auf dem Rücken aufs Feld. Danach arbeitete ich auf dem Feld mit. Bei der Arbeit baten wir diejenigen unter uns, die gut singen konnten, etwas zu singen. Gesang ging uns über alles. Wenn die Sonne gegen fünf oder sechs Uhr unterging, kehrten die Arbeiter singend nach Hause zurück.

Ich dagegen rannte nach der Arbeit so schnell wie möglich nach Hause, aus Angst, von meiner Schwiegermutter gescholten zu werden. Ich musste mich beeilen, das Abendessen für die Familie und die Dienstboten

rechtzeitig auf den Tisch zu bringen. Meine Schwiegermutter zündete nicht einmal das Feuer im Herd für mich
an. Hatte ich das Abendessen nicht schnell genug fertig,
dann schlug sie mich. Nach dem Tod meiner Schwiegermutter arbeitete ich nur noch selten auf dem Feld mit,
weil ich im Haus zu tun hatte und die Kinder beauf-
sichtigen musste.

In den ersten Jahren nach meiner Heirat musste ich
oft mit drei oder vier Stunden Schlaf pro Nacht aus-
kommen. In den acht bis zehn Tagen, an denen wir zur
Mühle gingen, um Mehl zu mahlen, kamen wir fast gar
nicht zum Schlafen. Wir droschen das Getreide von
ein Uhr morgens bis kurz vor Sonnenaufgang, dann
begann die normale Tagesarbeit. Oft fühlte ich mich
wie gelähmt vor Müdigkeit. Manchmal, wenn ich hinausging, um Dung für den *kang* zu sammeln, setzte ich
mich an den Wegrand und gönnte mir ein paar Augen-
blicke Schlaf. Gelegentlich, wenn es besonders schlimm
war, verkroch ich mich an einem ruhigen Ort und ver-
goss bittere Tränen. Doch ich hatte meinen Stolz und
weinte nie vor anderen. Ich erzählte niemand, was ich
in diesen harten Jahren durchmachte, auch meinem
Mann nicht.

12

Tod und Trauer

Kurze Zeit nach meiner Heirat starb mein Schwiegervater im Alter von dreiundsechzig Jahren. Ich nehme
an, es war Krebs, obwohl wir diese Krankheit damals
noch nicht einmal dem Namen nach kannten. Einen
ganzen Monat lang war er nicht imstande, irgendwelche Nahrung zu sich zu nehmen. Nicht einmal
Honig konnte er bei sich behalten. Er war entsetzlich
abgemagert und schwach, und wir alle wussten, dass er
dem Tode nahe war. Die Leichenbestatter waren schon
bestellt.

In der Nacht, in der er starb, saß ich bei ihm, und er
sprach mit mir. Er sagte, mein Schicksal werde sich in
den späteren Jahren meines Lebens zum Guten wenden,
auch wenn ich jetzt noch sehr unter der Willkür und
dem aufbrausenden Temperament meiner Schwiegermutter zu leiden hätte. Ich sollte es mir nicht zu sehr
zu Herzen nehmen und mich trotz allem bemühen, eine
gute Frau zu sein. Ich konnte die ganze Zeit vor
Weinen kein Wort hervorbringen. Er versuchte, mich
so gut er konnte zu trösten, und sagte, ich solle mir
nicht so viel Kummer um ihn machen. Dann bat er um

eine Schale Tee mit Honig. Als ich seinen Kopf stützte, um ihn an dem Getränk nippen zu lassen, hörte er auf zu atmen.

Alle Familienmitglieder wurden ins Zimmer gerufen und standen trauernd um sein Bett. Es galt als unschicklich, allzu sehr zu weinen oder übertriebene Gefühle zu zeigen. So versuchten wir uns mit aller Kraft zu beherrschen und sprachen die vorgeschriebenen Gebete. Die Nachbarn kamen, um dem Toten die letzte Ehre zu erweisen und der Familie zu kondolieren und ihre Hilfe anzubieten. Bei einem Todesfall war es Brauch, dass die Trauerfamilie von den Besuchern zwölf Laibe Brot geschenkt bekam. Zwölf war die Zahl des Todes. Die Frauen des Hauses hielten sich von der Hausarbeit fern, bis die dreiwöchige Trauerzeit vorüber war. In dieser Zeit wurden alle Arbeiten von Dienstboten und gedungenen Hilfskräften verrichtet.

Während der dreiwöchigen Trauerzeit versammelten sich sämtliche Familienmitglieder im Haus und verbrachten ihre Zeit ausschließlich im Gebet. Mönche kamen ins Haus und sprachen drei Tage lang ebenfalls Gebete, um der Seele des Entschlafenen einen sanften Übergang zu ermöglichen, damit sein Geist nicht im Haus zurückblieb.

Der Astrologe legte genau fest, wie lange der Leichnam im Haus aufgebahrt werden sollte, höchstens drei Tage. Mein Schwiegervater blieb zwei Tage im Haus. Wir wachten Tag und Nacht bei dem Toten, sprachen Gebete und warfen uns immer wieder vor ihm zu Boden. Nach unserem Glauben wird ein Verstorbener mit dem

Tod wie ein Gott, deshalb behandeln wir ihn mit genauso viel Ehrfurcht.

Die Astrologen bestimmten auch, wie mit dem Leichnam zu verfahren sei: ob er verbrannt, begraben, im Fluss versenkt oder den Vögeln zum Fraß vorgeworfen werden sollte. Die Leiche den Geiern zu überlassen galt als beste Methode, weil sie die hygienischste war. Trotzdem wurden in Tsongkha die meisten Leichen beerdigt. Der Körper wurde im Lotussitz mit gekreuzten Beinen und zum Gebet gefalteten Händen hingelegt. Dann wurde Maß genommen und ein hölzerner Sarg angefertigt. Das Gesicht wurde mit einem Schleier bedeckt und der Körper in weißen Stoff gewickelt, häufig in ein Seidengewebe. Mein Schwiegervater wurde in ein tibetisches Gewand aus weißer Seide gehüllt. Süß duftende Blumen und Pinienzweige wurden dem Leichnam in den Sarg mitgegeben. Sonst wurde nichts weiter in das Grab gelegt.

Die Familie hatte eine eigene Begräbnisstätte auf ihrem Grund und Boden und zu diesem Platz wurde mein Schwiegervater gebracht. Alle Nachbarn kamen und sagten ihm ein letztes Lebewohl. Der Astrologe bestimmte die Personen, die den Leichnam und den Sarg berühren durften. Männliche Verwandte trugen den Sarg auf ihren Schultern; sie durften ihn auf keinen Fall auf den Boden stellen oder stehen bleiben, da man glaubte, dass die Seele des Verstorbenen dann an diesen Fleck gefesselt wäre und keine richtige Wiedergeburt vollziehen könne.

Die Frauen aus der Verwandtschaft durften den Sarg

nicht begleiten, sondern mussten zu Hause bleiben. Meine Schwiegermutter war in tiefer Trauer und weinte in einem fort. Alle ihre Kinder kamen nach Hause, um sie zu trösten. Drei Wochen lang durften wir keine Besuche machen und kein Pferd besteigen. Die gesamte Habe des Verstorbenen wurde weggegeben. Die Hinterbliebenen durften nichts davon behalten oder aufbewahren.

Die Frauen durften ihr Haar nicht wie sonst mit bunten Bändern schmücken und erst eine Woche nach dem Todesfall wieder waschen. Stattdessen wurde das Haar locker mit einem Stück weißer Wolle zusammengebunden. Wir durften nur alte Kleider tragen und mussten all unseren Schmuck ablegen. Beim Tod des Schwiegervaters musste der Brokatbesatz des *hari* an der linken Schulter abgetrennt werden, beim Tod der Schwiegermutter an der rechten Schulter, beim Tod der eigenen Eltern vom Mittelstück, das über den Rücken fiel. Während der ganzen Trauerzeit wurde der *hari* auf diese Weise getragen. Verlor eine Frau ihren Mann, so wurde der *hari* drei Jahre lang ohne Brokatbesatz auf beiden Seitenteilen getragen.

Männer in Trauer durften ebenfalls keine neuen Kleider anziehen, und wenn ihre Eltern gestorben waren, mussten sie ihre traditionellen Hüte ablegen. Wie die Frauen mussten sie die Zöpfe mit wollenen Bändern zusammenbinden. Nach drei Wochen nahmen Männer wie Frauen diese Wollbänder ab und verbrannten sie. Von da an durften wieder bunte Bänder im Haar getragen werden.

Zwei Jahre nach dem Tod meines Schwiegervaters starb meine Schwiegermutter. Ich war zwanzig, sie war achtundfünfzig Jahre alt. Sie war krank, doch ich glaube, dass sie im Grunde an gebrochenem Herzen starb, weil kurz zuvor ihr Bruder, der Taktser Rinpoche, gestorben war.

Das Ritual beim Tod von Kindern war sehr schlicht. Der Lama kam und sprach die vorgeschriebenen Gebete und der Astrologe stellte seine Berechnungen an. Ich hatte drei Söhne, die starben. Einer wurde begraben, die anderen wurden auf einen Berg gebracht und dort den Geiern und wilden Tieren überlassen. Ich bat die Leichenträger jedes Mal, mir die Kleider meiner Kinder wieder mitzubringen. Sie waren ohne Kleider auf diese Welt gekommen, und ich wollte, dass sie sie auf die gleiche Weise wieder verließen.

Unser Glaube lehrt, dass der Verstorbene seine letzte Bestimmung nicht finden kann, wenn die Hinterbliebenen sich bei seinem Tod zu sehr ihrem Schmerz hingeben. Ein Sprichwort besagte, dass die Tränen der Eltern wie Hagel auf dem Gesicht eines toten Kindes seien. Deshalb beherrschte ich mich immer, so gut ich es irgend konnte, wenn eins meiner Kinder starb, ganz gleich, wie sehr ich litt, und bat aus diesem Grund auch meinen Mann, nicht zu weinen.

13.

Geburt

Mein erstes Kind, eine Tochter, bekam ich mit neunzehn Jahren. Meine Geburten waren alle leicht, da ich als Bauersfrau körperlich stets sehr aktiv war. Ich musste während der gesamten Schwangerschaft genauso hart arbeiten wie sonst auch, selbst noch am Tag der Geburt. Außerdem nahm ich in dieser Zeit besondere Speisen zu mir, um nicht krank zu werden, und hatte daher auch nie unter morgendlicher Übelkeit zu leiden.

Damals waren die Frauen ihre eigenen Hebammen. Es wäre keiner in den Sinn gekommen, in ein Krankenhaus zu gehen oder auch nur jemand zu holen, der ihr bei der Geburt beistand. Nur bei meinem allererstem Kind half mir eine Magd, und zwar nach der Geburt. Sie hatte das Wimmern des Neugeborenen gehört und kam herein, um die Nabelschnur zu durchtrennen und zu verknoten. Bei meinen anderen Kindern machte ich dann auch das selbst. Ich brachte meine Kinder alle im Stall zur Welt, nicht im Haus.

Das Thema Schwangerschaft und Geburt wurde allgemein mit schamvollem Schweigen übergangen.

Frauen sagten niemand, dass sie bald gebären würden. Die Leute merkten erst am Schreien des Neugeborenen, dass ein Kind da war. Es gab auch keine spezielle Geburtszeremonie, aber die Nachbarn kamen und gratulierten mir und brachten Geschenke – Kinderkleidung, Decken und Brot; mir brachten sie süßen Reis mit Datteln. Einen Monat nach der Geburt veranstalteten wir dann jedes Mal ein Festessen zu Ehren des Kindes. Ihren Namen, Tsering Dolma, erhielt meine Tochter von dem Lama, der immer die Gebete in unserem Haus sprach. Wir luden einmal im Monat einen Lama ins Haus ein, um es segnen zu lassen.

Nach der Geburt meines ersten Kindes erlaubte mir meine Schwiegermutter, mich eine Woche lang zu erholen. Bei der Geburt meiner anderen Kinder war sie bereits gestorben, und da niemand im Haus meine Arbeit übernehmen konnte, ruhte ich nur einen oder zwei Tage lang aus. Danach nahm ich meine Babys auf dem Rücken mit zur Arbeit.

Meine Schwiegermutter war sehr erbost, dass ich ein Mädchen zur Welt gebracht hatte und keinen Jungen. Ihr Zorn richtete sich vor allem gegen meinen Mann. Er versuchte sie zu trösten und sagte, das sei Schicksal, man könne das Geschlecht eines Kindes nun einmal nicht im Voraus bestimmen, doch sie war weiterhin sehr enttäuscht. Ihr Bruder, der Taktser Rinpoche, war gerade gestorben, und sie hatte auf einen Enkel gehofft, der seine nächste Inkarnation sein könnte.

14

Ein Tulku *wird geboren*

Nach dem Tod des Taktser Rinpoche reisten Abgesandte des Klosters Kumbum nach Lhasa, um die
nächste Inkarnation (*tulku*) des Abtes von Kumbum
ausfindig zu machen. In Lhasa angekommen, baten sie
Seine Heiligkeit, den dreizehnten Dalai Lama, ein
thudam zur Aufspürung des inkarnierten Abtes abzu-
halten, doch Seine Heiligkeit ließ sie wissen, dass es
bisher keine Inkarnation gebe und dass sie im kommenden Jahr wieder vorstellig werden sollten.

Im Jahr darauf reiste die Gruppe erneut nach Lhasa.
Mein Schwager, Ngawang Changchup, war als Schatzmeister von Kumbum Mitglied der Delegation. Seine
Heiligkeit erklärte ihnen, dass die gesuchte Inkarnation
in der Zwischenzeit geboren sei und sich im Umkreis des
Klosters aufhalte, und zwar im Osten, wo es schwarze
Hunde und Pferde gebe. Eine Frau in unserer unmittelbaren Nachbarschaft hatte unlängst einen Knaben zur
Welt gebracht und ebendieser Junge erwies sich als die
neue Inkarnation. Seine Heiligkeit riet der Delegation
aus Kumbum allerdings davon ab, die Sache bereits
publik zu machen oder irgendwelche endgültigen

Schritte zu unternehmen, sondern bat sie, im nächsten Jahr noch einmal in dieser Angelegenheit nach Lhasa zu kommen.

Mein Schwager war bei dieser Auskunft völlig niedergeschmettert, weil sie den weiten, anstrengenden Weg schon zweimal gemacht hatten und die Strapazen nun noch ein weiteres Mal auf sich nehmen sollten. Er wandte ein, dass die Reise für sie äußerst beschwerlich sei, weil sie von so weit her kämen. Doch Seine Heiligkeit beharrte darauf, dass die Zeit noch nicht reif sei, die neue Inkarnation zu inthronisieren. Er meinte, sie sollten nur aufhören zu klagen, und bot ihnen an, einen Vertreter zu schicken, statt selbst noch einmal den ganzen Weg zu machen. Zur Belohnung für ihre Mühe versprach er ihnen, dass sie einen würdigen Lama bekommen würden. Mein Schwager wunderte sich im Stillen, dass Seine Heiligkeit nicht dazu zu bewegen war, eine endgültige Entscheidung zu treffen, obwohl die neue Inkarnation doch bereits geboren war.

Vor ihrer Abreise aus Lhasa besuchte die Gruppe die verschiedenen heiligen Stätten und nahm Butteropfer mit. An einer dieser Gebetsstätten bemerkte mein Schwager auf einmal, dass die Vorderseite seines Brokatgewandes mit geschmolzener Butter beschmutzt war. Niemand hatte die Butter verschüttet, es gab also eigentlich keine Erklärung dafür, wie sie auf sein Gewand gekommen war. Er verbot den Dienern jedoch, die Flecken zu entfernen, und deutete den Vorfall als gutes Omen.

Als sie sich Tsongkha näherten, kamen ihnen Mönche aus dem Kloster Kumbum entgegen. Mein Schwager fragte gleich nach der neuen Inkarnation. Sie berichteten, dass das Kind in der Zwischenzeit gestorben sei. Da erkannte er die Weisheit Seiner Heiligkeit. Danach fragte er nach meinem Kind und ob es mittlerweile auf die Welt gekommen sei, und war überglücklich zu hören, dass ich einem Knaben das Leben geschenkt hatte. Er war nun ganz sicher, dass mein Sohn die künftige Inkarnation des Taktser Rinpoche sein würde. Ich war einundzwanzig Jahre alt, als ich im Jahr des Hundes meinen Sohn Norbu zur Welt brachte. Ein Lama aus Kumbum gab ihm den Namen Tashi Tsering, doch später erhielt er den Mönchsnamen Thubten Norbu.

Im folgenden Jahr begaben sich wiederum Abgesandte aus Kumbum nach Lhasa zu Seiner Heiligkeit. Seine Heiligkeit gab ihnen einen versiegelten Brief mit und wies sie an, mir die Botschaft zu überbringen, dass mein Sohn, Tashi Tsering (später bekannt unter dem Namen Thubten Jigme Norbu), zum nächsten Taktser Rinpoche gewählt worden war. Es hatte insgesamt sechzehn Kandidaten gegeben, alle im Jahr des Hundes geboren. Die anderen Kinder kamen aus Familien, die ich alle kannte. Manche waren mit uns verwandt, andere befreundet. Sämtliche Familien mit den in Frage kommenden Kindern wurden für den endgültigen Richterspruch in unser Haus eingeladen. Dann wurde der Brief geöffnet und das Ergebnis verkündet.

Mein Mann und ich weinten vor Freude. Unser erster Gedanke galt meiner Schwiegermutter, die sich so brennend gewünscht hatte, dass einer unserer Söhne als Taktser Rinpoche wiedergeboren würde. Nun hatte sich ihr Wunsch tatsächlich erfüllt. Obwohl wir seine Eltern waren, setzten wir unseren Sohn auf einen Thron und schenkten ihm Glücksschleifen. Es war zwar schon zuvor beschlossen gewesen, ihn ins Kloster zu schicken, doch nun wurde er, statt ein gewöhnlicher Mönch zu werden, in den Rang eines Rinpoche erhoben. Das Schicksal meinte es wahrhaft gut mit uns! Norbu war zum Zeitpunkt seiner Wahl ein Jahr alt.

Jahre später, als ich gerade mit meinem Sohn Lobsang Samten[4] hochschwanger war, erhielt ich die Nachricht vom Tod meines Vaters. Man sagte mir später, er sei bei einem Picknick von einem seiner Intimfeinde vergiftet worden. Ich konnte nicht zum Begräbnis heimreisen, weil das Kind schon bald kommen sollte und die Wehen möglicherweise einsetzten, wenn ich unterwegs war. Fünf Tage nach dem Tod meines Vaters kam mein Sohn zur Welt.

15.

Meer des Wissens

Fast drei Jahre nach der Geburt von Lobsang Samten kam Lhamo Dhondup auf die Welt, der Sohn, der der vierzehnte Dalai Lama werden sollte. Zwei Monate vor der Geburt des Kindes wurde mein Mann bettlägerig. Jedes Mal, wenn er versuchte aufzustehen, wurde ihm schwindelig und er verlor das Bewusstsein. Er erzählte mir, dass er bei jeder dieser Ohnmachten die Gesichter seiner Eltern vor sich sehe. Nachts konnte er nicht schlafen, was nicht zuletzt deshalb besonders belastend war, weil er dadurch auch mich wach hielt, die den Tag über schwer arbeiten musste. Damals dachte ich, dass er mir einfach nur etwas vormachte, doch heute bin ich sicher, dass es nicht so war. Es war nur ein weiterer unheimlicher Vorfall in einer ganzen Reihe merkwürdiger Vorkommnisse in den drei Jahren, die der Geburt Lhamo Dhondups vorangingen.

So schienen in dieser Zeit unsere Pferde eines nach dem anderen verrückt zu werden. Wenn wir ihnen Wasser brachten, rasten sie darauf zu und begannen sich darin zu wälzen. Sie konnten weder fressen noch saufen. Ihre Hälse wurden steif und am Ende konnten sie sich nicht mehr bewegen. Alle dreizehn Tiere gingen ein. Es war ein schwerer Schlag für die Familie und ein unermesslicher finanzieller Verlust obendrein, denn Pferde bedeuteten Reichtum. Danach herrschte drei Jahre lang eine schlimme Hungersnot. Kein Tropfen Regen fiel, nur Hagel, der die gesamte Ernte vernichtete. Die Menschen waren alle am Verhungern. Viele Familien aus unserer Gegend zogen fort, bis schließlich nur noch dreizehn von den einst fünfundvierzig in unserer Nähe ansässigen Familien übrig waren. Meine eigene Familie konnte nur deshalb überleben, weil das Kloster Kumbum uns unterstützte und mit Lebensmitteln versorgte. Wir lebten von Linsen, Reis und Erbsen aus den Vorräten des Klosters.

Lhamo Dhondup wurde ganz früh am Morgen, noch vor Sonnenaufgang, geboren. Zu meinem Erstaunen hatte mein Mann sein Krankenlager verlassen und wirkte so gesund, als sei er nie krank gewesen. Ich erzählte ihm, dass ich einen Knaben zur Welt gebracht hatte, und er meinte, dies sei sicherlich kein gewöhnliches Kind. Wir sollten ihn am besten zum Mönch bestimmen. Da der Chushi Rinpoche von Kumbum verstorben war, hofften wir, das Neugeborene sei möglicherweise seine Reinkarnation. Nach der Geburt des Kindes stießen uns keine weiteren Unglücksfälle, merkwürdigen Vorkommnisse oder Missgeschicke zu. Endlich regnete es wieder und nach Jahren der äußersten Armut kehrte der Wohlstand langsam wieder zurück.

Lhamo Dhondup war von Anfang an anders als meine

übrigen Kinder. Er war ein sehr ernsthaftes Kind, das am liebsten für sich im Haus blieb. Immer wieder fand ich ihn damit beschäftigt, seine Kleider und seine kleinen Habseligkeiten zusammenzupacken. Wenn ich ihn fragte, was er da mache, antwortete er, er packe seine Sachen, weil er nach Lhasa gehen und uns alle mitnehmen wolle. Waren wir bei Freunden oder Verwandten zu Besuch, trank er seinen Tee grundsätzlich nur aus meiner Schale. Er ließ niemand außer mir seine Decken berühren und breitete sie immer neben meinem Lager aus, nie irgendwo anders. Wenn jemand ihn provozierte oder ärgern wollte, nahm er einen Stock und versuchte den Betreffenden zu verhauen. Zündete sich einer von unseren Gästen eine Zigarette an, so bekam er einen Wutanfall. Unsere Freunde sagten einmal, sie fürchteten sich aus irgendeinem unerklärlichen Grund trotz seines zarten Alters vor ihm. Das war, als er knapp über ein Jahr alt war und noch kaum sprechen konnte!

Eines Tages erzählte er uns, er sei vom Himmel gekommen. Eine Sekunde lang durchfuhr mich eine merkwürdige Vorahnung. Einen Monat vor seiner Geburt hatte ich einen besonderen Traum gehabt: Zwei grüne Schneelöwen und ein leuchtend blauer Drache tanzten hoch in der Luft vor mir. Sie lächelten mir zu und grüßten mich auf traditionelle tibetische Weise mit vor der Stirn zusammengelegten Fingerspitzen. Später erfuhr ich, dass der Drache Seine Heiligkeit verkörperte und die beiden Schneelöwen das Nechung-Orakel (das Staatsorakel Tibets), das Seiner Heiligkeit den Weg zur Wiedergeburt wies. Seit diesem Traum wusste ich, dass mein Kind ein hoher Lama sein würde. Allerdings hätte ich ihn mir nicht einmal in meinen kühnsten Träumen als Dalai Lama vorgestellt.

Als Lhamo Dhondup etwas über zwei Jahre alt war, besuchte die Abordnung, die nach dem vierzehnten Dalai Lama Ausschau hielt, unser Haus in Taktser. Die Delegation bestand unter anderen aus Lobsang Tsewang, einem *tsedun* (Regierungsbeamter) und dem Khetsang Rinpoche des Klosters Sera (der später von den Chinesen gefoltert und ermordet wurde). Das erste Mal kamen sie im elften oder zwölften Monat, als es heftig schneite. Der Schnee lag etwa anderthalb Meter hoch, und wir waren gerade dabei, ihn wegzuräumen, als sie auftauchten. Wir kannten niemand von ihnen und merkten nur, dass sie aus Lhasa sein mussten; sie ließen jedoch nichts von ihrer besonderen Mission verlauten.

Da sie drei Jahre lang in Tsongkha unterwegs gewesen waren, um den neuen Dalai Lama zu suchen, sprachen sie unseren Dialekt fließend. Es war ihnen gesagt worden, dass sie Seine Heiligkeit früh am Morgen an einem Ort finden würden, der vollständig weiß war. So machte die Gruppe vor unserer Tür Halt. Sie sagten, sie seien auf dem Weg nach Sanho, hätten sich aber verirrt, und baten um eine Unterkunft für die Nacht. Ich brachte ihnen Tee, etwas von meinem selbst gebackenen Brot und getrocknetes Fleisch. Früh am nächsten Morgen bestanden sie darauf, mir meine Gastfreundschaft und das Futter für ihre Tiere zu bezahlen.

Sie verabschiedeten sich überaus herzlich. Erst als sie fort waren, wurde uns klar, dass das die Abordnung gewesen war, die nach Seiner Heiligkeit suchte. Es kam uns jedoch nicht in den Sinn, dass ihr Besuch bei uns einen bestimmten Zweck gehabt haben könnte.

Drei Wochen später waren sie auf einmal wieder da. Diesmal sagten sie, sie seien auf dem Weg nach Tsongkha und ob wir ihnen bitte den Weg zeigen könnten. Mein Mann führte sie selbst hin und sie zogen weiter. Nach zwei Wochen kehrten sie ein drittes Mal zurück. Diesmal hatte der Khetsang Rinpoche zwei Stäbe in der Hand, als er auf unseren Vorplatz trat, wo Lhamo Dhondup spielte. Der Rinpoche stellte die beiden Stäbe in eine Ecke. Unser Sohn ging zu den Stäben, legte den einen auf die Seite und ergriff den anderen. Er schlug den Rinpoche leicht damit auf den Rücken und sagte, das sei sein Stab und warum der Khetsang Rinpoche ihn genommen habe. Die Mitglieder der Gruppe wechselten bedeutungsvolle Blicke. Leider verstand ich kein Wort des Lhasa-Dialekts, den sie sprachen.

Nachher saß ich in der Küche auf dem *kang* und trank Tee, als der Khetsang Rinpoche zu mir trat. Ich konnte mich gut mit ihm unterhalten, weil er sowohl Tsongkha als auch Chinesisch fließend sprach. Während wir zusammensaßen, steckte Lhamo Dhondup seine Hand unter Rinpoches schwere Pelze und schien an einer der beiden Brokatwesten, die dieser trug, zu zupfen. Ich schalt meinen Sohn und sagte ihm, er solle aufhören, an unseren Gästen herumzuzerren. Da zog er eine Gebetskette unter der Weste des Rinpoche hervor

112

Tibetisches Leben

Der Dalai Lama als kleines Kind.

Der Potala-Palast in Lhasa,
Sitz Seiner Heiligkeit. »Es
war ein Museum von einer
Großartigkeit, wie ich sie nie
mehr im Leben zu sehen
bekommen werde.«

Diki Tsering, *Gyayum Chenmo*
»Große Mutter« genannt, in
traditioneller Tracht vor dem
Potala-Palast.

Zwei *dzos*. Diese Tiere werden zum Pflügen eingesetzt. »Die Ställe waren in getrennten Gebäuden untergebracht. Dort hielten wir Schafe, Kühe und Pferde, *dris* (Jakkühe), Esel, Schweine und *dzomos*. (Eine *dzomo* ist eine Kreuzung zwischen Jak und Rind. Das männliche Tier heißt *dzo*.)«

Die Zelte der Regierungsbeamten, die mit der Suche nach dem Dalai Lama betraut waren. »Ihre Zelte waren riesig, groß wie Häuser.«

Jahre des Aufruhrs

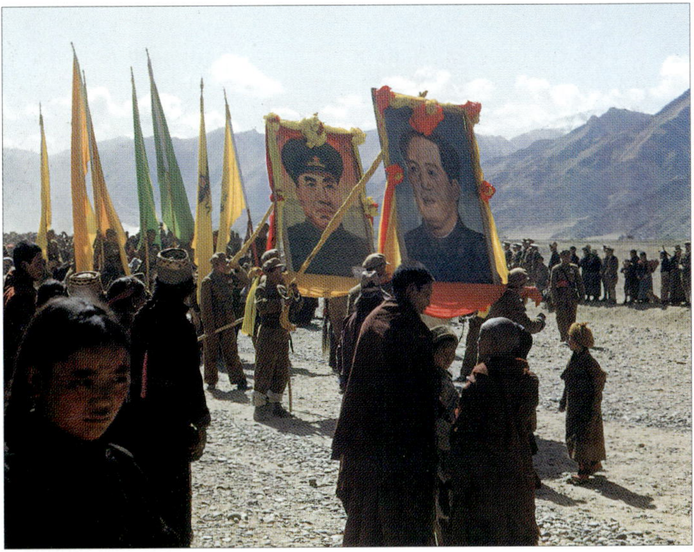

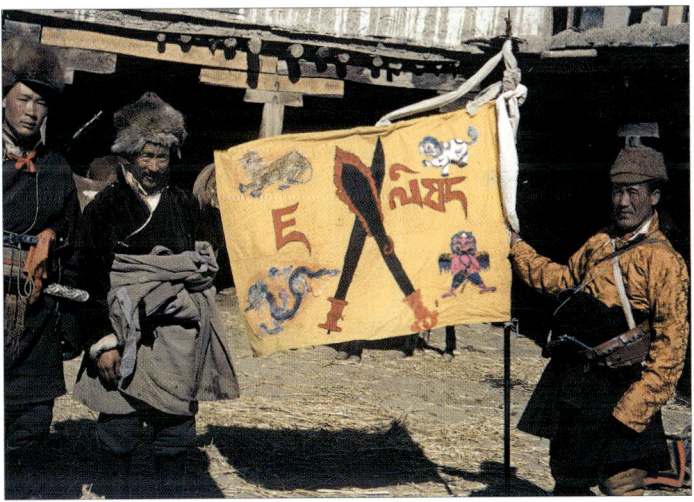

Die chinesische Volksbefreiungsarmee marschiert mit Bildern des Vorsitzenden Mao und des Marschalls Chu Teh in Lhasa ein.

Tibetische Widerstandskämpfer.

Seine Heiligkeit und der
Panchen Lama werden
von Premierminister
Chou En-Lai und
Marschall Chu Teh am
Pekinger Bahnhof
willkommen geheißen.
»Ich fürchtete um
[unsere] Sicherheit,
denn die Chinesen
waren uns nicht so
freundlich gesinnt, wie
sie vorgaben.«

Seine Heiligkeit hält im
Alter von neunzehn
Jahren eine Rede vor
dem Volkskongress in
Peking. Seine Heiligkeit
hoffte, seine
Bemühungen um eine
friedliche Koexistenz
würden die Chinesen
dazu bringen, sich an das
Siebzehn-Punkte-
Abkommen zu halten.

Mitglieder der chinesischen kommunistischen Regierung unterzeichnen in Peking das Siebzehn-Punkte-Abkommen.

Diki Tsering und Frau Taring in China. Daneben die Frau eines chinesischen Beamten und ihre Tochter. Frau Taring begleitete Diki Tsering später auf einer Reise nach England.

Seine Heiligkeit reist in einer Sänfte während dieser feierlichen Prozession vom Potala-Palast zum Kloster Norbulingka.

Das Kloster Drepung ist in ein Gebirgstal eingebettet. Das im Jahr 1416 gegründete Kloster ist das größte der Welt. Vor 1959 lebten hier siebentausend Mönche.

Diki Tsering, Seine Heiligkeit und ihr Gefolge fliehen zu Pferd aus dem kommunistisch beherrschten Tibet. »Wir ritten fast ohne Pause in scharfem Tempo ... Als wir Halt machten ... konnte ich mich aus einer Mischung von Kälte, Ermüdung und Wadenkrämpfen kaum auf den Beinen halten. Es war sehr windig und der Staub legte sich in einer dicken Schicht auf mein Gesicht.«

Seine Heiligkeit überschreitet die Grenze nach Indien. »Es war eine unendliche Erleichterung, sich endlich sicher zu wissen. Endlich waren wir wieder beisammen und hatten Frieden. Die Chinesen waren weit, weit fort und ich hatte keinen Grund mehr, in ständiger Angst zu leben.«

Diki Tsering und Seine Heiligkeit. »Ich wusste mit Gewissheit, dass er kein gewöhnlicher Junge war und dass wir einen Mönch aus ihm machen würden.«

Diki Tsering im Kreis ihrer Familie in Kalimpong in Indien.

und behauptete steif und fest, sie gehöre ihm. Der Khetsang Rinpoche wandte sich ihm freundlich zu und versprach, ihm eine neue Gebetskette zu schenken, diese hier sei doch schon alt. Doch Lhamo Dhondup legte die Gebetskette bereits um. Später erfuhr ich, dass der verstorbene dreizehnte Dalai Lama ebendiese Kette in die Hände des Khetsang Rinpoche gelegt hatte.

Am Abend rief uns die Abordnung zu sich. Sie saßen auf dem *kang* in ihrem Zimmer. Vor ihnen auf einem Tisch stand eine Schale mit Süßigkeiten, daneben lagen zwei Gebetsketten und zwei *damarus* (rituelle Handtrommeln). Sie boten unserem Sohn die Schale mit Süßigkeiten an, aus der er ein Stück auswählte und sie dann an mich weiterreichte. Dann drehte er sich um und setzte sich zu ihnen. Schon von klein auf hatte sich Lhamo Dhondup anderen Personen immer Auge in Auge gegenübergesetzt, niemals zu ihren Füßen. Die Leute sagten deshalb oft, ich würde ihn verziehen. Danach wählte er eine der Gebetsketten auf dem Tisch und eine *damaru* aus. Beide Gegenstände hatten, wie sich herausstellte, dem dreizehnten Dalai Lama gehört.

Unsere Gäste reichten meinem Mann und mir je eine Schale Tee und schenkten uns Glücksschleifen. Sie bestanden darauf, dass ich etwas Geld als Dank für meine Gastfreundschaft annahm. Als ich mich sträubte, meinten sie, ich solle das Geld als gutes Omen behalten. Sie sagten, sie hätten den Auftrag, den vierzehnten Dalai Lama aufzuspüren, der, wie sie sicher wussten, irgendwo in Tsongkha geboren war. Nach ihren Worten kamen sechzehn Kandidaten in die engere Wahl. In

Wirklichkeit hatten sie sich jedoch schon für meinen Sohn entschieden. Lhamo Dhondup verbrachte an diesem Abend drei Stunden mit den Männern. Sie sagten mir hinterher, sie hätten im Lhasa-Dialekt mit ihm gesprochen, und er hätte ihnen ohne Schwierigkeiten geantwortet, obwohl er diese Mundart nie zuvor gehört hatte.

Später nahm mich der Khetsang Rinpoche beiseite. Er redete mich mit »Mutter« an und sagte, es könnte sein, dass ich meine Heimat verlassen und nach Lhasa ziehen müsste. Ich entgegnete, ich wollte nicht fort und ich könne mein Haus auch nicht ohne Aufsicht lassen. Er erwiderte, ich solle so etwas nicht sagen. Wenn die Zeit reif sei, würde ich gehen müssen. Ich solle mir aber keine Sorgen um mein Haus machen. Falls ich wegzöge, würde ich in sehr guten Verhältnissen leben und bestens versorgt sein. Er selbst befand sich auf dem Weg nach Tsongkha zum Gouverneur Ma Pufang, um diesen davon zu unterrichten, dass der Dalai Lama in Tsongkha geboren war und die Delegation vorhatte, ihn nach Lhasa zu bringen.

Als sich die Männer früh am nächsten Morgen zum Aufbruch rüsteten, klammerte sich Lhamo Dhondup plötzlich an den Khetsang Rinpoche, weinte und bat, mitgehen zu dürfen. Der Rinpoche tröstete ihn und sagte, er würde schon in wenigen Tagen zurückkommen und ihn holen. Dann beugte er sich ganz tief hinunter und berührte mit seiner Stirn die Stirn meines Sohnes.

Nach der Besprechung bei Ma Pu-fang kehrte die Delegation aus Lhasa noch einmal zu uns zurück. Diesmal sagten sie, es gäbe drei Kandidaten für das Amt des Dalai Lama. Alle drei Knaben müssten nach Lhasa reisen, wo schließlich einer von ihnen unter dem Bild des Je Rinpoche ausgewählt würde. Es hieß, die Namen der Kandidaten würden in eine Schale geworfen, und dann würde mit einem Paar goldener Essstäbchen ein Name ausgewählt. Trotzdem bin ich fest überzeugt, dass sie sich eigentlich bereits für meinen Sohn entschieden hatten. Ich wandte erneut ein, dass ich nicht fort könnte. Daraufhin erklärte mir der Khetsang Rinpoche ohne Umschweife, ich müsse nach Lhasa reisen, ob ich wolle oder nicht. Er unterstrich seine Ansicht, dass mein Sohn der vierzehnte Dalai Lama sei, sagte aber, ich solle es vorerst noch für mich behalten.

Vier Tage später trafen vier Abgesandte von Ma Pufang bei uns ein, fotografierten unser Haus und unsere Familie und teilten uns mit, dass wir auf Anordnung des Gouverneurs am nächsten Tag nach Tsongkha kommen müssten. Ich war im achten Monat schwanger und sagte, ich sei nicht reisefähig. Sie behaupteten jedoch, es sei wichtig und unumgänglich. Die Familien aller sechzehn Kandidaten seien aufgefordert worden, sich in Tsongkha einzufinden.

Mit dem Pferd waren es acht Stunden bis Tsongkha. Ich fühlte mich den ganzen Weg über sehr schlecht und musste jede Stunde eine Rast einlegen. In Tsongkha angekommen, wurden wir in einem Hotel untergebracht. Mein Mann und sein Onkel nahmen meinen Sohn mit zu Ma Pu-fangs Residenz. Dort mussten sich alle herbeizitierten Kinder auf Stühle setzen, die in einem Halbkreis aufgestellt waren. Viele der Jungen weinten und wollten die Hand ihrer Eltern nicht loslassen, doch mein Sohn schritt mit einer für sein Alter ungewöhnlichen Würde geradewegs auf den einzigen leeren Stuhl zu und setzte sich. Als man den Kindern Süßigkeiten anbot, grapschten manche ganze Hände voll. Mein Sohn dagegen nahm nur ein Stück, das er sogleich dem Onkel meines Mannes reichte. Ma Pufang fragte Lhamo Dhondup, ob er wisse, mit wem er spreche. Mein Sohn entgegnete ohne Zögern, ja, er sei Ma Pu-fang.

Ma Pu-fang meinte, wenn es einen Dalai Lama gäbe, dann sei es dieser Junge, der Bruder des Taktser Rinpoche. Er sagte, dieses Kind sei anders. Mit seinen großen Augen, seiner klugen Redeweise und der Art sich zu geben, besitze er eine Würde, die weit über sein Alter hinausging. Er schickte die anderen Familien wieder nach Hause und teilte meinem Mann und mir mit, wir sollten noch einige Tage in Tsongkha bleiben. Zwanzig Tage lang ließ Ma Pu-fang uns und unsere Reitpferde versorgen. Am vierzehnten Tag brachte ich ein Baby zur Welt, das kurz darauf starb. Ma Pu-fang schickte täglich Nahrung für uns und für die Tiere und Geld für die täglichen Ausgaben. Er wollte, dass wir ihn als Freund betrachteten. Auf keinen Fall sollten wir denken, wir seien Gefangene. Immer wieder versicherte er uns, dass wir keine gewöhnlichen Leute seien und wohl bald nach Lhasa weiterreisen würden. Natürlich freuten wir uns und doch mischten sich in unsere Freudentränen auch Tränen des Schmerzes. Ich war todtraurig bei dem Gedanken, meine Heimat und alles, was mir seit fünfunddreißig Jahren vertraut war, aufgeben zu müssen. So verließ ich Tsongkha in einer Mischung aus Angst und Vorfreude und ging einer ungewissen Zukunft entgegen.

Später erfuhren wir, dass Ma Pu-fang ein riesiges Lösegeld von der tibetischen Regierung für die Abreise unseres Sohnes gefordert hatte. Die Regierung ließ sich auf die Erpressung ein, nur um sich mit einer weiteren Lösegeldforderung konfrontiert zu sehen. Moslemische Händler liehen der Regierung schließlich das Geld. Sie befanden sich auf einer Pilgerfahrt nach Mekka, die sie über Lhasa führte, und sollten uns dorthin begleiten. Ich hörte auch, dass Ma Pu-fang offenbar mit diesem zweiten Lösegeld nicht zufrieden war. Nun verlangte er eine tibetische Geisel, die freigelassen werden sollte, sobald die Nachricht einging, dass Seine Heiligkeit sicher in Lhasa angekommen war. Schließlich ließ die Abordnung Lobsang Tsewang zurück. Er entkam jedoch später dem Gewahrsam und kehrte heil nach Lhasa zurück.

All das erfuhr ich erst nachträglich durch den Khetsang Rinpoche. Mein Mann und ich sagten zu ihm, sie hätten einen schweren Fehler begangen, als sie Ma Pu-fang reinen Wein eingeschenkt hatten. Sie hätten ihm sagen sollen, wir seien auf einer Pilgerfahrt, dann wäre keines dieser Hindernisse aufgetaucht. Der Rinpoche räumte ein, dass es falsch gewesen war, meinte jedoch, es sei klüger gewesen, die Wahrheit zu sagen, falls wir auf der Reise angehalten worden wären.

Ich kannte Ma Pu-fang seit meiner Kindheit, weil er

mit den beiden Brüdern meines Vaters bekannt war. Er hatte das Gouverneursamt von seinem Vater geerbt. In China gärte es damals. Zwischen der Kuomintang und den Kommunisten tobte der Bürgerkrieg. Als die Kommunisten schließlich die Oberhand gewannen, fiel ihnen Tsongkha zu. Ma Pu-fang floh angeblich nach dem Umsturz nach Arabien und übernahm dort eine Lehrtätigkeit.

Endlich ließ Ma Pu-fang uns mitteilen, dass wir uns nach Kumbum begeben sollten, wo die nötigen Vorkehrungen für unsere Reise nach Lhasa getroffen würden. Er gab uns vier schnelle Pferde und ein Zelt mit und sagte, wenn wir in irgendwelchen Schwierigkeiten seien, sollten wir uns ohne Bedenken an ihn wenden. Ich hatte gerade erst ein Kind zur Welt gebracht, und die gesellschaftlichen Gepflogenheiten außerhalb des traditionellen dörflichen Lebens verlangten eigentlich, dass eine Frau das Haus erst einen Monat nach der Geburt verlassen durfte. Mein Schwager in Kumbum meinte jedoch, es handle sich hier um einen Sonderfall, und man würde mir deshalb auch besondere Zugeständnisse machen, so dass meine Abreise keinen Bruch des Sittenkodex darstellte.

So kam es, dass wir sechs Tage nach der Geburt des Kindes (einer Tochter, die kurz darauf starb) zu einem dreiwöchigen Aufenthalt nach Kumbum aufbrachen. Dort verbrachte ich meine Tage hauptsächlich damit, Reisekleidung für uns alle zu nähen. Die anderen im Kloster waren ebenfalls emsig mit Vorbereitungen beschäftigt.

Gemeinsam mit meinem Mann kehrte ich dann noch ein letztes Mal nach Taktser zurück, um unsere häuslichen Angelegenheiten zu regeln. Außerdem musste ich mich um Heu und Futter für unsere Lasttiere und Pferde kümmern. Da der größte Teil des Weges nach Lhasa durch unfruchtbares, unbewohntes Gebiet führte, musste gut für die Tiere vorgesorgt werden. Außerdem packte ich eine Menge Tsongkha-Tee, *chang*, Essig, Datteln, Dattelpflaumen und Kleidung für die Familie ein. Da das Kloster Kumbum wie eine Heimat für uns war, gaben wir den Mönchen alle wichtigen Dinge aus unserem Haus zur Aufbewahrung. Wir baten sie, für unsere bevorstehende Reise zu beten, und luden all unsere Nachbarn und Verwandten zu einem Abschiedsessen ein. Wir sollten unsere Heimat bald für immer verlassen.

Unsere Verwandten weinten bei dem Gedanken, uns nie mehr wiederzusehen. Wir Leute aus Amdo sind sehr gefühlsbetont und sentimental und halten die Tränen höchstens zurück, wenn es darum geht, einen geliebten Menschen im Tod zu schützen, dem unsere Tränen Schmerz zufügen würden. Unsere Verwandten begleiteten uns einige Tagesreisen weit auf dem Rückweg nach Kumbum, dann kehrten sie um. Am Tag unserer endgültigen Abreise weinte ich so, dass ich kaum noch etwas von meiner Umwelt mitbekam. Wir konnten einander nicht einmal mehr richtig Lebewohl sagen, so von Tränen erstickt waren unsere Stimmen.

Als wir wieder in Kumbum waren, kamen eines Tages zwei Mönche zu mir ins Zimmer und sagten, sie hätten eine traurige Nachricht: Lhamo Dhondup sei gar nicht der echte Dalai Lama, das sei ein Junge aus Lopon. Sie sagten das nur so, um meinen Sohn auf die Probe zu stellen und zu necken. Als sie wieder gegangen waren, fand ich ihn zu meiner Überraschung in Tränen aufgelöst und leise vor sich hin jammernd. Als ich ihn fragte, was los sei, sagte er, was die beiden Mönche gesagt hätten, stimme nicht, er sei der wirkliche Dalai Lama. Ich versuchte ihn damit zu trösten, dass die Mönche ihm bloß einen Streich spielen wollten. Erst nach vielen Bekräftigungen und Versicherungen meinerseits beruhigte er sich wieder.

Ich fragte ihn, warum er denn so gern nach Lhasa wolle. Er sagte, er würde dort schöne Kleider haben und nie mehr zerrissene Sachen tragen müssen. Er hatte es immer verabscheut, geflickte Kleidungsstücke zu tragen, und er hasste Schmutz. War auch nur das kleinste Staubkörnchen auf seinen Schuhen, so weigerte er sich, sie anzuziehen. Manchmal vergrößerte er einen Riss in einem Kleidungsstück absichtlich. Stellte ich ihn dann zur Rede und sagte, ich hätte kein Geld, ihm ständig neue Kleider zu nähen, antwortete er immer, wenn er erst groß sei, werde er mir ganz viel Geld geben.

II.

MUTTER DES ERBARMENS

16.

Die lange Reise

Am dritten Tag des sechsten Monats des Jahres 1939[5] brachen wir nach Lhasa auf. Datum und Zeitpunkt unserer Abreise waren von den Astrologen in Lhasa festgelegt worden. Meine Mutter war nach Kumbum gekommen, um sich von uns zu verabschieden. Auf Grund ihres Alters konnte sie uns nicht begleiten. Sie bat mich, doch in ein oder zwei Jahren nach Tsongkha zurückzukommen. Hätte ich gewusst, wie viele Jahre verstreichen würden, bis ich unsere Heimat wiedersah, wäre mein Abschiedsschmerz noch größer gewesen.

Unsere Reisegesellschaft bestand aus mir, meinem Mann, Lhamo Dhondup, meinen Söhnen Gyalo Thondup und Lobsang Samten und dem älteren Bruder meines Mannes, Ngawang Changchup, dem Schatzmeister von Kumbum. Mein ältester Sohn, der Taktser Rinpoche, blieb mit meiner Tochter im Kloster zurück. Wir hofften, die beiden bald nachkommen lassen zu können, hatten wir uns erst in Lhasa eingerichtet.

Eigentlich sollte es noch ein Geheimnis bleiben, dass mein Sohn zum vierzehnten Dalai Lama gewählt worden war, doch die Nachricht verbreitete sich wie ein

Lauffeuer, und viele Leute aus den umliegenden Dörfern stießen zu unserer Karawane in der Hoffnung, ihn sehen und sprechen zu können. Solange wir uns jedoch noch auf chinesischem Territorium befanden, wurden keine Audienzen gestattet, weil es zu gefährlich gewesen wäre. Wir beschwichtigten die Leute mit der Auskunft, das Kind sei nur einer der möglichen Kandidaten für das Amt des Dalai Lama. Zwei Tage, nachdem wir von Kumbum aufgebrochen waren, erreichten wir das Kloster Tulku, das außerhalb des chinesischen Territoriums lag. Im dortigen Heiligtum wurde eine Opferzeremonie für ein langes Leben abgehalten; danach durften Einheimische mit Lhamo Dhondup sprechen.

Auf der Weiterreise entboten uns einige Leute vom Sangsang-Stamm ihren Gruß. Mir, die ich aus Tsongkha stammte und immer zur Sauberkeit angehalten worden war, kamen sie sehr schmutzig und ungepflegt vor, und ich machte eine entsprechende Bemerkung. Seine vierjährige Heiligkeit wurde daraufhin fuchsteufelswild, weil ich Menschen nach ihrer äußeren Erscheinung beurteilte.

Von Tulku reisten wir weiter nach Tsaidam, wo wir zehn Tage blieben. Jeden Tag kamen zwei- bis dreihundert Menschen, um Seine Heiligkeit zu sehen. Von dort zogen wir nach Koko Nor und schlugen für drei Tage unsere Zelte auf. Es war eine unfruchtbare und öde Landschaft, ohne die kleinste Erhebung oder Abwechslung für das Auge, nicht einmal Vögel waren zu hören. An manchen Stellen war das Gras so schlecht, dass die Pferde, wenn sie davon fraßen, krank wurden und starben. In der Not banden wir ihnen die Mäuler mit Stoff zu, um sie am Grasen zu hindern. Wir bekamen auf unserer Reise viele wilde Tiere zu sehen, darunter Esel, Bergziegen und Bären. Eines Nachts verursachten Wildesel eine Panik unter unseren Pferden und sie sprengten in alle vier Winde davon. Die Reiter, die hinter den Pferden herjagen und sie wieder einfangen mussten, hatten alle Hände voll zu tun. Von da an wurden jedes Mal Gewehrsalven in die Luft gefeuert, wenn Wildesel in Sicht kamen, um sie sofort zu verscheuchen.

Die Reise von Kumbum nach Lhasa dauerte insgesamt fast drei Monate.[6] Unser Tross bestand aus über tausend Menschen und Tausenden von Tieren. Es war sehr kräftezehrend, so lange unterwegs zu sein. Wenn wir Gebiete durchquerten, die von berüchtigten Räuberbanden unsicher gemacht wurden, oder wenn es zu kalt war, um über Nacht zu lagern, waren wir manchmal vierundzwanzig Stunden ununterbrochen auf den Beinen, bis endlich die nächste Rast kam.

Was die Strapazen der Reise noch verschlimmerte, war der Zeitdruck, unter dem wir standen. Wir waren gezwungen, so rasch wie möglich voranzukommen, weil wir dringend in Lhasa erwartet wurden. Jeden Morgen standen wir um drei Uhr auf, die Zeltträger bauten die Zelte ab und zogen voraus. Die Zelte waren riesig, groß wie Häuser. Vor dem morgendlichen Aufbruch nahmen wir grundsätzlich nichts zu uns. Taten wir es doch einmal, überfiel uns kurz darauf wilder Hunger. Fasteten wir dagegen, so empfanden wir keinen Hunger bis zum nächsten Halt.

Seine Heiligkeit reiste mit Lobsang Samten in einer von Pferden getragenen Sänfte. Ich hatte eine eigene Sänfte, die von vier Maultieren getragen wurde. Die Sänften waren sehr hübsch, mit kleinen Gitterfensterchen. Die Seiner Heiligkeit bestand aus gelbem Brokat, meine war aus grüner Baumwolle. Mein Sohn Gyalo Thondup war damals elf Jahre alt und erlebte das Ganze als großes Abenteuer. Wie sehr ich ihn auch bat, zu mir in die Sänfte zu steigen – er wollte unbedingt reiten. Die Liebe zu den Pferden hatte er von seinem Vater geerbt. Ohne mir etwas davon zu sagen, begleitete er die Zeltträger und ritt schon ganz früh am Morgen los.

Wir passierten Namkatse, Piti, Tsaidam und Dugdug. Die meiste Zeit führte unser Weg nicht über richtige Straßen, sondern einfach quer durch die Steppe. Bei Dijughu kamen wir an einen Fluss, den es zu überqueren galt. Unsere Lasttiere mussten mit aller Kraft angetrieben werden, sonst wären sie rettungslos in den weichen Grund eingesunken. Die freien Tiere überquerten die Furt schwimmend.

In Dugdug wartete die erste Delegation aus Lhasa, bestehend aus Adligen und Beamten, auf uns. In Wamathang stießen Suthupa und Kungo Khenpo zu uns. In Drichu bekam ich Perlen- und Korallen-*patus* geschenkt – den typischen Kopfschmuck der Frauen in Lhasa –, dazu Brokatgewänder und anderen modischen Putz, wie ihn die vornehmen Damen in Lhasa trugen. Ich sträubte mich, den *patu* anzulegen. Ich verwies darauf, dass ich meinen *hari* seit meinem sechzehnten

Lebensjahr getragen hätte und den *patu*, der ein ziemliches Gewicht hatte, als unbequem empfände.

Als wir ins Kloster Reting kamen, wurden wir vom Reting Rinpoche[7] willkommen geheißen, einem noch relativ jungen Mann in den Dreißigern, der in der Interimszeit bis zur Herrschaft des nächsten Dalai Lama die Regierungsgeschäfte versah. Er fragte mich, wie mir der *patu* der Frauen von Lhasa gefiele. Als ich ihm sagte, ich würde lieber weiter meinen *hari* tragen, meinte er, er sei auch sehr schön. Er hielt es überhaupt für eine hervorragende Idee, dass ich weiter meine traditionelle Kleidung trug. Die Mutter Seiner Heiligkeit dürfe sich ruhig von den anderen Frauen abheben. Vor allem mein *hari* gefiel ihm ausnehmend gut. Als ich ihm erzählte, dass ich die komplizierten Muster selbst entworfen hätte, sagte er, er werde in Lhasa zu mir kommen und mich bitten, die Stickereien an den Kopfbedeckungen der Gelugpa-Mönche auszuführen.

Dann fing der Regent zu meiner Überraschung an, unser Haus in Taktser, das er offenbar in einer Vision gesehen hatte, in allen Einzelheiten zu beschreiben. Er kannte den Baum im rückwärtigen Hof und den *stupa* vor dem Eingang und wusste, dass wir einen kleinen schwarzweißen Hund und einen großen Mastiff hatten. Es war ihm aufgefallen, dass Menschen unterschiedlicher Volkszugehörigkeit im Haus lebten, und er fragte danach. Ich erzählte ihm von den Moslems und Chinesen, die bei uns auf dem Feld gearbeitet hatten.

Er machte die Bemerkung, die Leute aus Amdo seien sehr direkt und ehrlich. Obwohl sie von heftigem Temperament wären, verfliege ihr Zorn doch so schnell, wie er entflammte. Die Leute in Lhasa seien dagegen sehr viel weniger offenherzig. Wir würden in Lhasa bald mit ganz unterschiedlichen Menschen zusammenkommen. Manche von ihnen meinten es aufrichtig, aber andere würden versuchen, uns zu schaden. Er warnte mich besonders vor den Regierungsbeamten und sagte, sie seien geschickte Schmeichler. Nach außen hin gäben sie sich überaus freundlich, doch man wisse nie genau, woran man mit ihnen sei. Unter anderem ermahnte er mich, vorsichtig mit dem Essen zu sein und niemals Speisen zu mir zu nehmen, die nicht in meiner eigenen Küche zubereitet worden seien, weil sie vergiftet sein könnten.

Während unseres dreitägigen Aufenthalts im Kloster Reting feierten die Mönche ihren neuen Dalai Lama. Wir wurden im großen Stil unterhalten und bekamen sogar die tibetische Oper (*lhamo*) zu sehen. Von Reting waren es noch drei Tage bis Lhasa. Auf dem letzten Wegstück schlossen sich uns zahlreiche hohe Mönche und Laien in offiziellen Positionen an, dazu Angehörige der Aristokratie und die Äbte der drei Klöster Sera, Ganden und Drepung, die alle um eine Audienz bei Seiner Heiligkeit ersuchten. Sie überreichten ihm die traditionellen Glücksschleifen und mir schenkten sie kostbare Silber- und Brokatstoffe.

Nachdem wir Reting verlassen hatten, machten wir noch einmal zwei Tage in Reja, einem auf einem Hügel gelegenen Kloster, Halt, weil die astrologische Vorhersage für unsere voraussichtliche Ankunft in Lhasa ungünstig ausfiel.

Schließlich zogen wir in einer großen Prozession auf Lhasa zu, begleitet vom Reting Rinpoche, dem Kashag (der Ministerrat des Dalai Lama), hohen Mönchen und *khempos* (gelehrten Mönchen). Zur Rechten und zur Linken flankierte uns die Armee. Die ganze Zeit erklang zeremonielle Musik. Es war ein ernster, feierlicher und zugleich freudiger Augenblick. Als ich Lhasa zum ersten Mal in der Ferne sah, war meine Kehle wie zugeschnürt. Ich hatte so viel von dieser Stadt gehört und so oft von ihr geträumt, und nun erlebte ich wahrhaftig, wie meine kühnsten Träume wahr wurden.

17.

Ankunft in Lhasa

In Reting hatte ich meine Sänfte verlassen und mich aufs Pferd geschwungen. Seine Heiligkeit vertauschte seine bisherige Sänfte mit einem noch kostbareren, vergoldeten Exemplar, das acht Träger auf ihren Schultern trugen. In Lhasa waren wahre Menschenmassen zu unserem Empfang zusammengeströmt. Die Leute drängten sich so dicht, dass unser Zug nur stockend vorwärts kam. Dabei verhielten sie sich völlig still – stumm standen sie mit gefalteten Händen und geneigten Köpfen da, um ihren neuen Dalai Lama mit gebührendem Respekt zu begrüßen. Viele weinten vor Freude. Auch mir wurden die Augen feucht. Da war ich, eine einfache Bauersfrau, nun in den höchsten Rang aufgenommen, der einer Mutter überhaupt zufallen konnte.

Unmittelbar nach unserer Ankunft in Lhasa brachte man uns in den Norbulingka (»Juwelenpark«), die Sommerresidenz des Dalai Lama. Seine Heiligkeit wurde in seine privaten Gemächer geführt, und es gab eine Willkommenszeremonie. Alle Anwesenden bekamen tibetischen Tee und *domadesi* (eine Art Gebäck). Nach der Begrüßungszeremonie wurden wir ebenfalls in unsere Zimmer geführt, die ganz in der Nähe der Räume Seiner Heiligkeit lagen.

Beim Eintreten fanden wir Säcke und Behälter mit Reis, Mehl, Butter und Tee vor, die uns als Geschenke geschickt worden waren. Seiden- und Brokatstoffe und kostbare Teppiche wurden hereingebracht und wir erhielten Glücksschleifen. Am nächsten Tag stellte uns die Regierung einen ganzen Stab von Mitarbeitern zur Verfügung: Sekretäre, Dolmetscher, Dienstboten, Stallknechte, einen Wasserträger, Küchenbedienstete, Dienstmädchen, Köche, dazu Vorräte im Überfluss.

Erstaunt beobachtete ich, wie Seine Heiligkeit umherging und nacheinander die Siegel an den vielen Truhen, die er in seiner Wohnung vorgefunden hatte, aufbrach, offensichtlich auf der Suche nach etwas ganz Bestimmtem. Schließlich hatte er gefunden, was er gesucht hatte: eine kleine, mit Brokat überzogene Schachtel. Ich fragte ihn, was er da tue, und er sagte mir, in der Schachtel sei ein Zahn. Als er sie öffnete, lag tatsächlich ein Zahn darin, der vom dreizehnten Dalai Lama stammte.

Unsere Ankunft fiel in den achten Monat, in dem alle Früchte reiften, und der Norbulingka war ein einziges Blumenmeer. Nie zuvor in meinem Leben war ich müßig gewesen, und nun fand ich mich auf einmal ins Paradies versetzt, in eine Art Lotusland. Wir verbrachten ganze Tage in den Gärten, pflückten Äpfel, Birnen und Walnüsse. Mein Sohn Lobsang Samten wohnte in den Gemächern Seiner Heiligkeit. Die beiden hatten zusammen Unterricht, nahmen ihre Mahlzeiten gemeinsam ein und spielten miteinander.

In der ersten Woche unseres Aufenthalts im Norbulingka hatten wir viele Besucher, hoch gestellte Laien und Mönche, aber auch Adlige und ihre Frauen, die uns ihre Reverenz erweisen wollten. Ich kam mir oft schrecklich dumm und ungeschickt vor, wenn ich so im Mittelpunkt stand, nicht zuletzt, weil ich mich nur über einen Dolmetscher verständigen konnte. Viele unserer neuen Bekanntschaften fragten interessiert nach meinem Leben in Tsongkha und ließen sich unsere Reise nach Lhasa schildern.

Drei Monate lang führten wir ein Leben im Luxus. Doch nach einer Weile fing ich an, es recht ermüdend zu finden, ständig bedient zu werden und überhaupt nichts zu tun. Auch wenn das Schicksal es gut mit mir meinte und mich auf einen ganz besonderen Platz gestellt hatte, war ich doch im Innersten fast krank vor Heimweh. Daheim hatte ich schwer arbeiten müssen, um meine Familie zu ernähren, aber ich hatte inneren Frieden empfunden und mich ausgefüllt und glücklich gefühlt. Ich war frei gewesen und hatte eine Privatsphäre gehabt. Jetzt wurde ich behandelt wie eine Königin, aber ich war dabei längst nicht so glücklich wie in Tsongkha. Es hatte mir immer eine tiefe Befriedigung verschafft, zu arbeiten und die Früchte meiner Mühen gedeihen zu sehen. Unseren Hof gut zu verwalten und reiche Ernten einzubringen, ein geordnetes Heim zu haben und die Familie zusammenzuhalten, das war für mich der Inbegriff eines erfüllten, guten Lebens.

18.

Ein neues Leben beginnt

Fünf Monate nach unserer Ankunft in Lhasa zog Seine Heiligkeit in den Potala-Palast um. Der eindrucksvolle Gebäudekomplex wirkt durch seine Lage am Hang noch imposanter. Anfangs war ich völlig überwältigt von der neuen Umgebung. Ich brauchte allein zwanzig Minuten, um die steinernen Stufen bis zum dreizehnten Stockwerk hinaufzusteigen. Die Räume schienen förmlich überzuquellen von goldenem und silbernem Zierrat und kunstvollen *thangkas* (religiöse Gemälde auf Tuchrollen). Der Potala war ein Museum von gigantischem Ausmaß und einer Großartigkeit, wie ich sie nie mehr im Leben zu sehen bekommen werde. Besonders beeindruckt war ich von den Porträts der früheren Dalai Lamas aus massivem Gold. Und trotzdem schien mir der Potala-Palast, als ich ihn zum ersten Mal betrat, auch merkwürdig vertraut, als wäre ich schon viele Male hier gewesen. Noch daheim, in Tsongkha, vor der Geburt Seiner Heiligkeit, hatte ich unzählige Male vom Potala geträumt und war nun verblüfft, dass die Räume tatsächlich genau so waren, wie ich sie in meinen Träumen gesehen hatte.

An allen Seiten des Potala befanden sich hölzerne Eingangstore mit riesigen eisernen Schlössern. Auf hohen Tafeln am Haupteingang standen die Vorschriften für den Eintritt in die Vorräume: keine ausländischen Kopfbedeckungen oder ausländisches Schuhwerk, keine Messer und keine Schusswaffen innerhalb der Vorräume. Tibetische Schuhe und Hüte waren erlaubt.

Bei den verschiedenen religiösen Festen kamen wir meist zu Pferd in den Palast. Nur während *losar* (des tibetischen Neujahrsfestes) bekamen wir Zimmer mit zwei Küchen und einem Empfangsraum auf dem Dach des Potala zugewiesen, weil so viele Feierlichkeiten stattfanden.

Anfangs kannte ich mich mit den Sitten und Gebräuchen in Lhasa, die zum Teil so ganz anders waren als in Tsongkha, noch nicht aus. Ich beobachtete deshalb immer genau, was die anderen Leute taten, um ja keinen Fehler zu machen. Es stand mir jederzeit frei auszugehen, wenn ich wollte, allerdings musste ich meine Dienerinnen mitnehmen. Mein Leben wurde durch das gesellschaftliche Protokoll in gewisser Weise eingeschränkt, was zu erwarten gewesen war. Zum Beispiel kam ich nie zum Einkaufen auf dem Markt oder in den kleinen Läden in der Stadt. Ich sah sie nur vom Pferd aus. Dagegen lernte ich Sera, Drepung, Ganden und praktisch alle berühmten Klöster kennen. Am besten gefielen mir Sera und Drepung.

Als Seine Heiligkeit elf oder zwölf Jahre alt war, musste er in Drepung seine ersten Prüfungen ablegen. Ich war zehn Tage mit ihm dort. Da Frauen der

Aufenthalt in den Hauptgebäuden des Klosters nicht gestattet war, war ich mit meinem Anhang in einem Gästehaus im Hof des Klosters untergebracht. Mehrere tausend Zuschauer wohnten den Prüfungen bei. Danach wurden ähnliche Prüfungen von den Gelehrten in Sera und dann in Ganden abgehalten. Als Mutter war ich schrecklich nervös und zitterte davor, dass Seine Heiligkeit womöglich nicht gut abschneiden könnte, wenn er von den führenden Gelehrten des Landes befragt würde. Meine Befürchtungen waren jedoch unbegründet. Er wurde den in ihn gesetzten Erwartungen immer voll und ganz gerecht.

Ich war ein Neuling auf dem glatten Parkett der Diplomatie und musste noch vieles über die Gesellschaft von Lhasa lernen. Als Bäuerin war ich in einem unverfälschten, aufrichtigen Klima aufgewachsen. Anstand und Ehrlichkeit galten in Tsongkha als hohe Tugenden. Die Kunst der Intrige war mir daher völlig unbekannt, und ich musste erst lernen, dass die Welt auch falsch und grausam sein kann. Erst ganz allmählich begriff ich, dass die Gesellschaft in Lhasa bei weitem nicht so wunderbar war, wie man mich glauben gemacht hatte.

Madame Lalu, die einer prominenten Familie in Lhasa angehörte, wurde mir eine gute Freundin. Sie war einer der wenigen Menschen in Lhasa, die mir ganz offen rieten, mich in Gesellschaft des Adels besonders vorsichtig und zurückhaltend zu verhalten. Damals sprach ich den einheimischen Dialekt noch nicht und wollte auf keinen Fall, dass meine Worte falsch ausgelegt würden. (Ich brauchte zwei Jahre, um den Lhasa-Dialekt zu lernen.) Zwei weitere gute Freundinnnen fand ich in Herrn Tsarongs Mutter und in Madame Ragashar, beide ebenfalls Angehörige des Adels. Alle drei warnten mich übereinstimmend davor, den Leuten, die mich besuchen kamen, allzu offenherzig zu begegnen oder meine Meinung ungeschminkt zu äußern. Einerseits war ich diesen drei echten Freundinnen aufrichtig dankbar für ihren gut gemeinten Rat, doch gleichzeitig versetzten mich ihre Mahnungen in einen Zustand nervöser Anspannung und machten mir Angst vor der Zukunft.

Madame Ragashar besuchte mich oft. Sie fragte immer als Erstes, ob ich sehr beschäftigt sei. Meist antwortete ich, ich hätte nicht viel zu tun, woraufhin sie ein Spiel vorschlug. Dann holten wir das chinesische Damebrett hervor. Wir beide lieferten uns manch spannendes Dame-Duell. Dabei erzählte sie mir alle möglichen Geschichten und tratschte wohl auch gern ein bisschen, wie es Frauen nun einmal tun, wenn sie unter sich sind.

Nach unserer Ankunft in Lhasa fiel etwas Grundbesitz an uns, der Eigentum des dreizehnten Dalai Lama gewesen war. Die Britische Botschaft war an ihn herangetreten und hatte das Land kaufen wollen, doch er hatte abgelehnt mit den Worten, es werde ihm einmal nützlich sein. Das Landstück hieß Changseshar, das heißt so viel wie »östlicher Garten«. Es war ein riesiges Areal mit vielen Bäumen. Das Nechung-Orakel führte zahlreiche *thudams* durch, um die günstigsten Stellen für die Bauten zu finden, die wir errichten wollten. Unser Wohnhaus war aus Stein und hatte drei Stockwerke und Säulen. Die Regierung baute es für uns. Auf der anderen Seite des Hofes entstand ein weiteres zweistöckiges Gebäude. Nach drei Jahren im Norbulingka zogen wir in einer groß angelegten Prozession von zweihundert Menschen mit Musik in unser neues Heim um. Hier sollten wir bis zum Jahr 1959 wohnen bleiben.

Wir hatten in Lhasa zahllose Bedienstete. Zum Beispiel einen *chang-zo*, der Briefe entgegennahm und beantwortete, einen Finanzverwalter und einen Sekretär, der ihm assistierte. Der *nyerpa* war verantwortlich für die Nahrungsvorräte und alles, was damit zusammenhing. Ich selbst hatte zwei Zofen. Meine Tochter hatte zwei Diener und eine Dienerin, die ihre Kinder beaufsichtigte. Mein Mann hatte sechs Diener zu seiner Verfügung und mein Sohn Gyalu Thondup vier. Wir hatten zwei Küchen, eine für die Dienstboten und eine für die Familienmitglieder. In jeder Küche gab es einen obersten Koch, einen Abwäscher und einen Gemüseputzer. Der Stallmeister, dem unzählige Stallburschen unterstellt waren, versorgte unsere fünfhundert Pferde.

In Tsongkha hatten wir unseren eigenen Grund und Boden, den unsere Familie mit Hilfe von bezahlten Arbeitskräften bestellte. In Lhasa dagegen verrichteten die *miser* (Leibeigenen) die ganze Arbeit und die Herren lebten auf ihre Kosten. Es ärgerte mich, wenn ich sah, wie verächtlich manche Familien ihre *miser* behandelten. Manchmal waren die *miser* sechs oder sieben Tage von ihrem Stück Land bis zu uns unterwegs, nur um uns Feldfrüchte zu bringen, und mein *chang-zo* oder *nyerpa* redete sie nicht einmal an oder gab durch ein Zeichen zu erkennen, dass er sie überhaupt bemerkte. Nach ein paar energischen Rüffeln meinerseits hörte diese rüde Behandlung in meinem Haushalt auf. Zum Beispiel bestand ich darauf, dass die *miser* mit Namen angesprochen wurden und nicht mit *kei* und *mei* (Mann und Frau).

Mein Tagesablauf war relativ geregelt. Ich stand gewöhnlich um sechs Uhr auf, verneigte mich zweihundertmal und sprach die Gebetsformeln. Um halb neun gab es Frühstück. Die meiste Zeit verbrachte ich in den Gärten von Changseshar und verließ das Haus nur, wenn es der Anlass erforderte: für Besuche bei Seiner Heiligkeit, Pilgerfahrten an heilige Stätten oder um bei wichtigen Festen zum Potala zu reiten. Gegen einundzwanzig Uhr ging ich schlafen.

Als wir etwa ein Jahr in Lhasa lebten, schickte ich meinen Sohn Gyalo Thondup auf die Seshing-Schule. Er blieb zwei Jahre dort, danach ging er nach China. Gyalo Thondup war ziemlich ungezogen in der Schule, schwänzte ständig und ließ stattdessen mit seinen Freunden Drachen steigen. Eines Tages erwischte ihn sein Lehrer und züchtigte ihn. Als ich davon erfuhr, war ich wütend, weil ich es für falsch hielt, Kinder zu schlagen. Später musste ich jedoch erkennen, dass der Fehler bei meinem Sohn lag. Das war das letzte Mal, dass er geschwänzt hatte.

In dieser Zeit, ein Jahr nach unserer Ankunft in Lhasa,

bat mein Mann meine Tochter und unseren Schwiegersohn, zu uns zu ziehen. Einige Kaufleute kehrten aus Lhasa nach Tsongkha zurück, und er trug ihnen auf, die beiden mitzubringen. Tsering Dolma war damals unsere einzige Tochter, und es war unser Wunsch, sie in unserer Nähe zu haben. Ein Jahr nach ihrem Kommen kam auch mein Sohn Norbu (der Taktser Rinpoche) zu uns. So war die ganze Familie wieder vereint. Norbu blieb ein Jahr lang bei uns und setzte seine Studien fort. Danach übersiedelte er ins Kloster Drepung. Sechs Jahre später ging er nach Kumbum zurück, wo er drei Jahre lang den Rang eines Abtes bekleidete. Mein Sohn Lobsang Samten wohnte über zwei Jahre mit Seiner Heiligkeit zusammen, dann wurde beschlossen, ihn ebenfalls auf die Schule in Seshing zu schicken, wo er ein Jahr blieb. Danach kam auch er ins Kloster Drepung.

19.

Fremde Sitten

Jede Gesellschaft hat ihren Snobismus und Lhasa bildete darin keine Ausnahme. Viele Leute der gehobenen Gesellschaft dort betrachteten uns mit Geringschätzung, weil wir Bauern waren. Als Amdos galten wir als Außenseiter. Das alles kam mir erst ein paar Jahre nach unserer Übersiedlung zu Ohren. Natürlich sagte es uns keiner von den Leuten, die auf uns herabsahen, direkt ins Gesicht, doch enge Freunde erzählten es mir.

Sicher fanden die meisten Frauen es etwas verschroben, dass ich immer noch den *hari* trug, auch wenn sie es nicht aussprachen. In Lhasa ging man stets mit der neuesten Mode und ich muss daneben recht altmodisch und fehl am Platz gewirkt haben. Die Frauen der Aristokraten und der Laienbeamten waren alle äußerst modebewusst und versuchten, sich mit ihrem Staat gegenseitig den Rang abzulaufen. Anfangs war ich förmlich geblendet von den prachtvollen Kleidern und ihrem kostbaren Schmuck. Was mich aber am meisten erstaunte, war, wie viel Make-up sie trugen. Nie zuvor war ich Frauen begegnet, die sich das Gesicht mit Rouge,

Lippenstift oder Puder anmalten. Erst dachte ich, diese perfekt zurechtgemachten Dämchen seien Schauspielerinnen an der Oper. Umso mehr war ich überrascht zu erfahren, dass sie ganz gewöhnliche Frauen waren. Sie sahen aus wie Puppen. Für meinen Geschmack war dieses eitle Gehabe ziemlich oberflächlich.

Auch meine Freundin Madame Lalu putzte sich mit großem Aufwand heraus und versuchte mich dazu zu überreden, mein Gesicht ebenfalls ein wenig zu verschönern. Doch ich konnte mich nie dazu überwinden. Ich hätte mich nicht wohl in meiner Haut gefühlt. Selbst mein Mann und Gyalu Thondup wurden von der Mode beeinflusst. Beide ließen sich das rechte Ohr für Türkisohrringe durchstechen.

Aber auch andere Sitten erstaunten mich. So sah ich Frauen einen Monat vor der Geburt ihres Kindes mit gut eingefetteten Bäuchen nackt in der Sonne sitzen. Ich erfuhr, dass das zu einer leichten Geburt verhelfen sollte. Genauso sah ich, wie Mütter ihre Neugeborenen völlig nackt und mit Öl eingeschmiert in die Sonne legten.

Als ich schon ein paar Jahre in Lhasa lebte, begann es sich einzubürgern, dass eine Frau zum Arzt ging, wenn sie schwanger war. Die Ärzte waren größtenteils Chinesen. Sie rieten den Frauen, ihre Kinder im chinesischen Krankenhaus zur Welt zu bringen. Doch oft zögerten die Frauen aus einem gewissen Schamgefühl heraus. An tibetischen medizinischen Einrichtungen gab es so etwas wie Geburtshilfe nicht. Die tonangebenden adligen Frauen bekamen ihre Babys in indischen Hospitälern. Diese Frauen stillten ihre Babys in der Regel nur drei Tage, danach wurden die Kinder von Ammen genährt.

Schon einem drei Tage alten Säugling verabreichten die Frauen in Lhasa ein Gemisch aus geschmolzener Butter mit etwas *tsampa*. In Tsongkha reicherten wir die Muttermilch mit der Milch der *dzomo* an, aber wir gaben unseren Kindern bis zum fünften Monat keine feste Nahrung. Dann zerrieben wir dicke Bohnen zu einem feinen Mehl, rösteten es an und mischten es mit Milch und Melasse. Außerdem bekamen die Babys bei uns getrocknete Datteln, die in heißem Wasser eingeweicht worden waren.

In Tsongkha durften die Frauen unmittelbar nach einer Geburt nicht an religiösen Zeremonien teilnehmen, weil sie als unrein galten. In Lhasa dagegen brachten die Frauen ihre neugeborenen Kinder schon drei Tage nach der Geburt mit in die Tempel und Klöster.

Die Töchter des Adels in Lhasa brauchten kaum zu arbeiten, sie lernten allenfalls ein wenig sticken. Haushaltspflichten wie Kochen spielten für sie kaum eine Rolle. Dafür wurden auch Mädchen in die Schule geschickt, um sich Bildung anzueignen. Nur die Heiratssitten glichen denen in Amdo in vielerlei Hinsicht.

20

Losar *in Lhasa*

Die Vorbereitungen für das Neujahrsfest begannen im Potala-Palast drei Monate vor *losar* mit der Herstellung von *kabse*, Schmalzgebäck. Für jede der zahlreichen *losar*-Zeremonien brauchte man einen ganzen Berg *kabse*. Am Tag vor dem Fest putzten wir das Haus, brachten neue Vorhänge an, schmückten die Altäre und türmten Gebäck neben dem Altar auf. Am Abend veranstalteten wir ein Essen für Freunde und Verwandte.

An *losar* standen wir um ein Uhr in der Nacht auf und brachten Seiner Heiligkeit auf unserem Familienaltar Opfer dar. Dann nahmen wir unsere Plätze im Wohnraum ein, um die Neujahrswünsche der Dienstboten entgegenzunehmen, die sie uns mit tibetischem Tee und *domadesi* kredenzten. *Kodan* – süß gebrautes Gerstenbier – sowie Käse und *tsampa* wurden gereicht. Wir bekamen von allen Bediensteten in der Reihenfolge ihres Ranges Glücksschleifen. Danach brachen wir eilig auf und begaben uns zum Potala-Palast, um an der frühmorgendlichen Feier teilzunehmen, die auf zwei Uhr angesetzt war.

Die Zeremonie begann damit, dass die Versammelten sich der Reihe nach, vom Ranghöchsten bis zum Rangniedrigsten, vor Seiner Heiligkeit niederwarfen. Regierungsbeamte, Angehörige der Britischen Botschaft und Vertreter der Moslems und Chinesen – jeder überreichte Seiner Heiligkeit eine Glücksschleife, und er erteilte dem Betreffenden seinen Segen. Diese Prozedur konnte sich über zwei bis drei Stunden hinziehen. Während der gesamten Zeremonie wurden wir in regelmäßigen Abständen mit allen möglichen Köstlichkeiten versorgt: Es gab tibetischen Tee, *tsampa* mit Fleisch und *domadesi* mit Joghurt. Das *tsampa*-Gericht war weich und schmackhaft und der Tee war aus ganz zarten Blättern und mit bester Butter zubereitet.

Nach der Erteilung des Segens traten Trommler und Tänzer auf, und danach war es Sitte, dass die Festteilnehmer sich auf die *kabse*-Opfer stürzten und so viel sie konnten davon nahmen. Es war immer wieder lustig, den Ansturm auf all die Delikatessen zu beobachten. Dabei gebot es der Brauch, dass die Beutemachenden sich rücksichtslos und gewalttätig gebärdeten, während die Wachen scheinbar auf die gierige Menge einschlugen. Dem Vernehmen nach bürgerte sich diese Gepflogenheit unter dem zwölften Dalai Lama ein, der die Szene in einer Traumvision gesehen hatte.

Dann kehrten wir nach Hause zurück, weil wir an diesem ersten Tag des *losar*-Festes Besucher empfangen mussten – Aristokratenfamilien und Regierungsbeamte. Zu essen gab es dabei gewöhnlich mongolischen Eintopf.

Am zweiten Tag des Festes besuchten wir alle um acht Uhr morgens eine weitere zeremonielle Feier im Potala. Diesmal ging es noch formeller zu als am ersten Tag. Wieder gab es am Anfang Niederwerfungen und Segenssprüche – ein feststehender Ablauf, der sich bei allen großen und wichtigen Feierlichkeiten wiederholte. *Domadesi* und tibetischer Tee nebst anderen Delikatessen wie Fettgebackenem mit Fleischfüllung wurden serviert. An diesem Tag machten die Staatsorakel ihre Vorhersagen für das kommende Jahr. Wieder hatten wir Gäste wie am Vortag, und Mitglieder unserer Familie brachten dem Kashag und verschiedenen Regierungsbeamten sowie den Lamas Neujahrsgaben.

Am vierten Tag des Neuen Jahres begann *monlam*, das große Gebetsfest. Während dieses Festes mussten strenge Vorschriften beachtet werden. Keinerlei Lärm war erlaubt, auch keine bellenden Hunde und kein Gesang. Ebenso waren berauschende Getränke verboten. Am Vorabend des *monlam*-Festes kamen Mönche aus verschiedenen Klöstern im Land nach Lhasa und quartierten sich bei den einheimischen Familien ein. Früh am nächsten Morgen zogen die Lamas zum Jokhang und bald wimmelten seine drei Stockwerke von Mönchen wie ein Ameisenhügel.

Wenn Seine Heiligkeit die *monlam*-Zeremonien besuchte, bekamen meine Familie und ich für diese Stunden besondere Sitzplätze im Jokhang zugewiesen, wo wir für die Öffentlichkeit unsichtbar waren und dennoch das ganze Geschehen vom Fenster aus mitverfolgen konnten. Gewöhnlich gingen wir am Achten und Fünfzehnten des Monats zu den Feiern, an Tagen, die als astrologisch besonders günstig galten. Außer an diesen beiden Tagen verließen wir das Haus während der zwanzig Tage des *monlam*-Festes nicht. Wir konnten die gesamten Festaktivitäten von den Terrassen in Changseshar aus beobachten.

Ich hatte während des *monlam*-Festes immer besonderen Spaß an den Tee-Trägern. Sie trugen eine ganz bestimmte Uniform, ein tibetisches Gewand, das knapp unter den Knien endete, keine Hosen und keine Strümpfe und Schuhe. Sie waren schon ein komischer Anblick, wie sie so barfuß herumgingen und Tee ausschenkten, riesige Kupfer- oder Bronzegefäße balancierend.

Manchmal sah ich auch den Köchen zu, die das Essen für die Festteilnehmer zubereiteten. Ich musste jedes Mal lachen, wenn ich sah, wie sie sich mühten, den Inhalt der riesigen Kessel umzurühren. Sie mussten sich auf Tische stellen, um überhaupt hinaufzureichen, und es waren mehrere Leute nötig, um einen einzigen Topf umzurühren. Wenn sie Reisbrei kochten, wurden hundert Sack Reis und ganze dreißig Schafe für eine einzige Mahlzeit verarbeitet!

Am Ende des *monlam*-Fests fanden Pferderennen und Wettkämpfe im Bogenschießen statt. Jede Familie stellte eine bestimmte Zahl an Wettkämpfern und Pferden. Die Wettkampfteilnehmer mussten nach alter, militärischer Sitte in Rüstung und eisernem Helm gegeneinander antreten

Auch wenn wir am *losar*-Fest von Lhasa teilnahmen,

feierten wir bei uns zu Hause doch immer noch das Neujahrsfest, wie wir es in Amdo gekannt hatten. Eigentlich feierten wir alle in Amdo üblichen Feste im Jahreslauf. Unsere Angestellten waren jedes Mal überrascht, wenn besonderes Essen für sie zubereitet wurde. Dann sagten wir ihnen, dass ein Amdo-Fest sei.

21.

Großmutter und Witwe

1940, zwei Jahre nach unserer Übersiedlung nach
Lhasa, als wir noch im Norbulingka wohnten, brachte
ich eine Tochter zur Welt. Sie erhielt ihren Namen,
Jetsun Pema, von Seiner Heiligkeit. Danach bekam ich
noch zwei Söhne. Einer starb 1945, im Alter von nur
zwei Jahren. Beide Söhne wurden schon in Changseshar geboren. Der Sohn, der am Leben blieb, erhielt
den Namen Tendzin Choegyal. Er kam 1946 auf die
Welt. Der Sohn, der starb, hieß Tenzing Chota. Er war
ein unglaublich lebhaftes Kind. Wenn er in die Räum-
lichkeiten Seiner Heiligkeit kam, brachte er jedes Mal
alles durcheinander, wie ein kleiner Wirbelwind. Er
starb nach einer monatelangen schweren Bronchitis.
Als er im Sterben lag, baten wir das Gadong-Orakel,
ein *thudam* durchzuführen.

Das Gadong- und das Nechung-Orakel versetzten
sich in Krisenzeiten in den persönlichen Räumen Seiner Heiligkeit gemeinsam in Trance. Starb ein Orakel,
wurde sofort ein neues eingesetzt. Der Auserwählte
wurde zu Seiner Heiligkeit gebracht, der seine Fähig-
keiten auf die Probe stellte, indem er Getreidekörner

nach ihm warf. Wenn die Macht des Kandidaten nicht besonders groß war, würde sie unter dieser Behandlung zusammenschrumpfen. War der Mann jedoch ein befähigtes Medium, so erstarkte er dadurch. Das Nechung-Orakel war für Seine Heiligkeit und für die Regierung zuständig. Der Träger dieses wichtigen Amtes war Mönch und hatte keinen Zugang zu Privathäusern. Das Gadong-Orakel dagegen durfte bestimmte Privathäuser aufsuchen, so auch das unsere. Es war ein Laie mit Frau und Kindern. Er hatte sein eigenes Kloster in der Nähe von Drepung. Ich selbst hatte engen Kontakt sowohl zum Nechung- als auch zum Gadong-Orakel.

Einen Tag vor der Trance-Sitzung musste das Orakel routinemäßig bestimmte Reinigungsvorschriften befolgen. So enthielt sich das Medium von Fleisch und Zwiebeln und verbrachte den Tag damit, sein Verdauungssystem zu reinigen, weil das Ritual sehr anstrengend war und viel Kraft kostete. Hätte der Mann sich nicht innerlich gereinigt, so hätte er während und nach der Trance schlimme Schmerzen aushalten müssen. Der Schmerz hätte noch ein paar Tage angehalten, als wäre er heftig ausgepeitscht worden.

Ich hatte meinen kleinen Sohn auf dem Arm, während wir den Besuch des Gadong-Orakels erwarteten und unsere Familienaltäre schmückten. Tenzing Chota schaute mich mit großen, ernsten Augen an und seufzte ab und zu. Als das Medium den Raum betrat, warf ihm das Kind nur einen einzigen Blick zu und starb noch in derselben Minute. Ich bat darum, dennoch mit dem *thudam* fortzufahren.

Das Orakel wurde an seinen Platz geführt, und zwei Gehilfen blieben neben ihm, um seinen Kopfputz zu stützen, der unter dem Kinn befestigt war. Es war ein ganz außergewöhnlicher Kopfputz, geschmückt mit Pfauenfedern, Glücksschleifen, Gold und Silber. Er war so schwer, dass zwei Leute ihn halten mussten, sonst wäre das Orakel nicht imstande gewesen, den Kopf zu heben. Über seinem *chuba* mit den weiten Ärmeln trug das Medium einen kostbaren Überwurf. Die zwanzig Priester im Raum begannen in einem rhythmischen Singsang zur Musik der Zymbeln und Hörner zu beten, um das Orakel in einen Zustand der Besessenheit zu versetzen.

Etwa zehn Minuten verstrichen, dann schien das Medium die Wirkung der Gebete zu spüren und in Verzückung zu geraten. Ein starkes Zittern überlief seinen Körper. Als er sich gerade von seinem Stuhl erheben und in Trance verfallen wollte, schwoll sein Gesicht plötzlich unverhältnismäßig an und verfärbte sich fast purpurn. Die Bänder seines Kopfputzes schnürten derart ein, dass sie ihn beinahe erwürgten. Sofort lockerten seine Gehilfen die Bänder, damit er wieder atmen konnte.

In seiner linken Hand hielt er einen Pfeil und in der rechten ein langes Schwert. Er erhob sich, um sich dreimal vor dem Altar zu Boden zu werfen, und begann dann mit dem Tscham-Tanz. Dreimal umkreiste er tanzend den Raum. Dabei hob er den Pfeil hoch und schleuderte ihn dann fort. Er fuchtelte wild mit dem Schwert und die Menschen wichen aus. Konnte er jemand von den Anwesenden nicht leiden, so kam es vor, dass er den Betreffenden mit seinem Schwert durchbohrte. Es war ein höchst eindrucksvolles Schauspiel.

Nach dem Tscham-Tanz begann der Gadong zu sprechen. Ein Schreiber schrieb seine Worte auf, weil diejenigen, die nicht mit der Sprache des Orakels vertraut waren, nicht verstanden, was er sagte. Als er zu Ende gesprochen hatte, brach der Gadong zusammen und lag da wie tot. Sofort nahmen ihm seine Gehilfen den Kopfputz ab. Nach einiger Zeit kam er wieder zu sich, vor Schmerzen laut stöhnend und keuchend, als ob ihn alle Kraft verlassen hätte. Die Trance dauerte etwa eine Stunde.

Während der Trance hatte das Gadong-Orakel gesagt, dass mein toter Sohn eine hoch stehende Persönlichkeit gewesen sei und darum gebetet habe, wieder zu seinen Eltern zurückkehren zu dürfen, auch wenn er starb. Ich sträubte mich dagegen, den Spruch des Orakels anzunehmen. Ich sagte, ich sei nun alt – fünfundvierzig – und wollte kein weiteres Kind austragen. Es wäre besser, wenn meine Tochter Tenzing Chotas Reinkarnation zur Welt brächte. Kurz bevor mein Sohn starb, hatte sie einer Tochter das Leben geschenkt. Zurzeit der Geburt war mein Sohn bereits schwer krank. Trotzdem bestand er darauf, seine kleine Nichte zu sehen. Also brachte ich ihn zu ihr. Er nahm ihr Händchen mit großer Zärtlichkeit und streichelte es. Drei Tage später starb er.

Ich hatte immer in regelmäßigen Abständen von

meinen toten Kindern geträumt. Doch nach dem Tod von Tenzing Chota schienen diese Träume auszubleiben. Wir hatten seinen kleinen Körper in einen Sarg gelegt und im Haus behalten, weil man uns sagte, er sei eine heilige Person und wir sollten seinen Körper nicht fortschaffen. Schließlich konsultierte ich den Gonsar Rinpoche, einen alten Lama, der oft Gebete in unserem Haus sprach, und lud ihn ein, ein *thudam* durchzuführen. Ich bat ihn herauszufinden, warum ich nicht träumte, und fragte ihn, ob es daran liegen könnte, dass wir Tenzing Chota in eine zugenagelte Kiste gesteckt hatten, so dass seine Seele seinen Körper nicht hatte verlassen können.

Der Gonsar Rinpoche teilte mir mit, dass ich mir darum keine Sorgen machen müsste und dass das Kind bereits reinkarniert sei, und zwar in meiner unmittelbaren Umgebung. Er sagte, wenn eine Person wiedergeboren werde, gebe es keine Träume von dem Verstorbenen. Ich fragte den Rinpoche, wer die Inkarnation sei, eines der Kinder der Dienstboten oder meine neugeborene Enkelin. Das glaubte er nicht, meinte allerdings, mein Sohn sei als Mädchen wiedergeboren worden. Er behauptete, dass dieses Mädchen nicht lange leben würde und dass mein Sohn nach ihrem Tod wieder als Knabe auf die Welt kommen würde.

Ich beharrte darauf, dass das Kind meiner Tochter die neue Inkarnation sei, doch der Gonsar Rinpoche schenkte meinen Worten keine Beachtung. Er sagte nur, meine Enkelin werde nicht lange leben, und bat uns deshalb, besonders liebevoll zu ihr zu sein. Er sagte, sie sei zu stark, um zu überleben. Wir sollten für sie beten. Ein paar Tage später wurde meine kleine Enkelin krank. Sieben Tage litt sie an einer unerklärlichen Krankheit. Meine Tochter und ihr Mann beschlossen, sie nach Gyatso Shikar zu bringen in der Hoffnung, dass es ihr dort besser gehen werde. Die Tage vor der Abreise war sie ganz still und apathisch gewesen und hatte nicht geweint oder geklagt. Als sie jedoch abreisten, schrie sie wie am Spieß, als ob es ihr Folterqualen bereite, das Haus zu verlassen. In Gyatso war sie wie tot. Sie lebte noch drei Tage, dann starb sie.

Mein Mann und ich reisten ebenfalls nach Gyatso, wo das Baby noch immer um sein Leben kämpfte, weil wir hofften, dass sie sich freuen würde, uns zu sehen. Das Kind wimmerte auch wirklich, als es meinen Mann sah, als ob es ihn erkenne, und er fütterte die Kleine mit etwas Milch. Wir riefen einige Lamas herbei, die für sie beten sollten. Gegen Ende des Gebets starb das Kind. Als der kleine Körper für das Begräbnis gewaschen wurde, entdeckten wir, dass der gesamte Bereich des Rückgrats purpurfarben angelaufen war. Nun wussten wir, dass sie sich das Rückgrat gebrochen hatte.

Ein paar Tage nach dem Tod meiner Enkelin fing ich an, von meinem toten Sohn Tenzing Chota zu träumen. Er war nackt und befand sich in einer riesigen Höhle. Ich streckte die Arme nach ihm aus und drückte ihn an mich. Als ich meinem Mann von dem Traum erzählte, erinnerte er mich daran, dass das Gadong-Orakel vorhergesagt hatte, mein Sohn würde mir wiedergeboren. Er meinte, ich würde vielleicht erneut schwanger werden. Ich weigerte mich, das zu glauben, weil ich auf keinen Fall noch ein Kind bekommen wollte.

Trotz meiner Zweifel brachte ich im Verlauf eines Jahres meinen Sohn Tendzin Choegyal zur Welt. Lamas aus dem Kloster Chomo Lungnga kamen zu uns und erzählten, ihr Abt sei verschieden und mein Sohn sei seine neue Inkarnation. Etwa um die gleiche Zeit kamen Mönche aus dem Drepung-Kloster zu mir und behaupteten, mein Sohn sei die Reinkarnation ihres Lehrers. Doch ich wollte ihn nicht in die Obhut eines der beiden Klöster geben. Er sollte keine Reinkarnation sein, sondern ein Mönch in den Diensten Seiner Heiligkeit werden.

Allmählich entwickelte mein Sohn eine chronische Hautkrankheit, eitrige Pusteln, die immer wieder abheilten und dann erneut aufbrachen. Man sagte mir, das komme daher, dass ich mich geweigert hatte, ihn seinen Platz als *tulku* einnehmen zu lassen. So ließ ich schließlich widerstrebend zu, dass er nach Chomo Lungnga kam und Ngari Rinpoche wurde. Das Gadong-Orakel riet mir dringend, ihn gehen zu lassen, sonst würde das Kind nicht mehr lange leben. Sobald er im Kloster war, schienen all seine Krankheiten verschwunden zu sein.

Er war dreieinhalb, als er ins Chomo Lungnga-Kloster kam, und blieb drei Jahre dort. Danach verbrachte er drei Jahre in Drepung. Das Kloster von Chomo Lungnga war drei Stunden von uns entfernt. Oft holte ich ihn für eine Ferienwoche nach Hause, auch als er später in

Drepung war. Meine Mutter begleitete ihn nach Chomo Lungnga. Sie weinte sich die Augen aus, weil er noch so klein war. Auch ich konnte die Trennung von meinem Jüngsten nur schwer verwinden. Als ich später zusammen mit Seiner Heiligkeit eine lange Chinareise machte, nutzte ich die Gelegenheit und nahm Tendzin Choegyal mit.

1947, ein Jahr nach der Geburt von Tendzin Choegyal, starb unerwartet mein Mann. Sein Tod war eine schwere Prüfung für mich, und ich bin froh sagen zu können, dass ich sie mit Mut und Entschlossenheit gemeistert habe und mich nie von anderen habe verunsichern lassen, obwohl viele, die die Macht dazu hatten, versuchten, meine Naivität und mangelnde Bildung auszunutzen.

Mein Mann war für einen Tag auf das Gut Damaka Shikar gereist. Bei seiner Rückkehr fühlte er sich sehr schlecht und hatte schreckliche Bauchschmerzen. Einen Monat lang siechte er dahin, magerte ab und wurde entsetzlich schwach. Dann starb er. Als er tot war, sah ich, dass er aus Nase und After geblutet hatte. Es hieß, der *chang-zo* (Verwalter) des Gutes, das mein Mann besucht hatte, habe ihn vergiftet. Er war erst achtundvierzig Jahre alt, als er starb.

Zurzeit seines Todes waren gerade meine Söhne, der Taktser Rinpoche und Lobsang Samten, auf Besuch bei uns. Es hatte fast den Anschein, als ob mein Mann das Nahen des Todes spürte, denn er bat mich auf einmal, die Dienstboten anzuweisen, das Feuerholz aus dem *kang* zu entfernen, weil ihm schrecklich warm sei. Dann sagte er, er wolle nicht mit Betttüchern zugedeckt werden, obwohl es der erste Monat im Jahr und sehr kalt war. Fünfzehn Minuten später wurde ich wieder ins Zimmer gerufen. Mein Mann war gestorben. Es war Mitternacht.

Rasch ließ ich die übrigen Haushaltsmitglieder wecken, und wir versammelten uns alle um das Lager meines Mannes, um die letzten Gebete für ihn zu sprechen. Lamas wurden herbeigeholt, um für den Verstorbenen zu beten. Mein Mann wurde in eine aufrechte Position gebracht, in Gebetshaltung mit gekreuzten Beinen und gefalteten Händen, wie es Sitte war. Er blieb noch zwei Tage nach seinem Tod im Haus, wie es die Berechnungen der Astrologen vorschrieben.

Dem Trauerritus entsprechend, legte ich allen Schmuck, alle Haarbänder, sogar meinen *hari* ab. Aus Achtung für meinen Mann trug ich meinen *hari* von da an nur noch bei Staatsanlässen, und selbst dann war der Brokat vom Rückenband abgetrennt, wie es in Amdo für Witwen Brauch war.

Zwei Tage lang wurde im ganzen Haus gebetet. Am Morgen des dritten Tages wurde der Leichnam zur Einäscherung abgeholt. Die Bahre wurde von mehreren Trägern nach Sangda gebracht, ein Fußmarsch von drei Stunden. Die Asche meines Mannes wurde mir ausgehändigt. Es war sein ausdrücklicher Wunsch gewesen, seine Überreste neben den Gräbern seiner Eltern in Tsongkha bestattet zu wissen. Er hatte mich auch gebeten, dafür zu sorgen, dass er keine Wasserbestattung erhielt oder den Vögeln zum Fraß überlassen wurde.

Ich wickelte die Asche in gelbe Seide und legte sie in einen kleinen hölzernen Kasten im Gebetsraum. Als mein Sohn, der Taktser Rinpoche, ein paar Monate später nach Tsongkha reiste, gab ich ihm das Kästchen mit. Er trug es den ganzen Weg auf dem Rücken, da es jedem anderen Unglück gebracht hätte, es zu berühren. Als er drei Monate später in Tsongkha anlangte, ließ er in Kumbum die vorgeschriebenen Gebete für seinen Vater zelebrieren und begrub das Kästchen dann bei den Gräbern der Eltern meines Mannes.

In Changseshar beteten wir unaufhörlich während der gesamten neunundvierzigtägigen Trauerzeit. Neunundvierzig Tage sind der vorgeschriebene Zeitraum bis zur Wiedergeburt. Während dieser neunundvierzig Tage, so heißt es, bleibt die Seele des Verschiedenen in seinem Haus. Die Gebete am neunundvierzigsten Tag sind am eindrucksvollsten und kompliziertesten, denn jetzt findet die Wiedergeburt statt. An diesem Tag werden alle Haarbänder, die während der Trauerzeit getragen wurden, abgenommen und verbrannt, und man legt neue Kleider, Haarbänder und Schmuck an. Ich selbst trug während meiner Witwenzeit allerdings ein ganzes Jahr lang keinerlei Schmuck.

Es war üblich, sämtliche Besitztümer des Verstorbenen zu verschenken, damit sein Geist sich lösen konnte und nicht bei den Seinen blieb. Getreu diesem Brauch verschenkte ich alle Kleider, Decken und Trinkgefäße, einfach alles, was meinem Mann gehört hatte. Nichts blieb zur Erinnerung zurück.

Nach dem Tod meines Mannes wohnten meine Tochter und ich allein in Changseshar. Mein Sohn Gyalo Thondup hielt sich damals mit meinem Schwiegersohn in China auf. Norbu, mein anderer Sohn, war in Tsongkha.

22

Eine politische Krise

Anfang 1941 hatte der Reting Rinpoche sich für ein Jahr von den Regierungsgeschäften beurlauben lassen, weil es sein *ka* war, sein astrologisch ungünstiges oder Unglücks-Jahr. Er übergab die Geschäfte dem Taktra Rinpoche und wollte eine Pilgerfahrt nach Indien antreten.

Taktra war damals siebzig Jahre alt und eine Furcht einflößende Persönlichkeit. Er war einer der Lehrer Seiner Heiligkeit und mein Sohn hatte große Angst vor ihm. Mehr als einmal flüsterte er mir zu: »Amala, der Taktra Rinpoche wird ärgerlich.« Er trug eine Peitsche aus geflochtenen Seidenschnüren bei sich, und einmal schlug er Lobsang Samten damit, weil dieser angeblich zu laut war. Auf Taktras Betreiben durfte Lobsang Samten nicht mehr mit Seiner Heiligkeit zusammen wohnen und wurde zunächst auf eine Schule und dann zusammen mit dem Taktser Rinpoche ins Kloster geschickt.

Taktra unterstellte meine Besuche bei Seiner Heiligkeit im Potala-Palast einem neuen Reglement. Vorher durfte ich meinen Sohn besuchen, wann immer mir der Sinn danach stand, doch jetzt ließ Taktra uns mitteilen, dass meine Tochter und ich Seine Heiligkeit nicht mehr so oft sehen dürften, und wenn wir es täten, müsse einer seiner Leute während des Besuchs anwesend sein, weil er keine Privat-Zusammenkünfte zwischen uns schätze. Es kam zu einer Debatte über dieses Thema im Kashag. Kashu Kungo (Kashupa) war gegen den Antrag. Er sagte, es sei für die Mutter und Schwester Seiner Heiligkeit unzumutbar, bei ihren Besuchen einen Außenstehenden dabeizuhaben. Taktra war so wütend über diesen Einspruch, dass er Kashu Kungo sofort ins Gefängnis werfen ließ.

Frau Kashu kam zu mir und flehte mich an, etwas für ihren Mann zu tun. Ich schrieb in dieser Angelegenheit an das Gefängnis und teilte ihnen mit, dass Kashu Kungo auf Grund einer politischen Intrige und nicht wegen eines Vergehens festgehalten werde. Außerdem bat ich um milde Behandlung für ihn. Später erfuhr ich, dass mein Brief nicht ganz ohne Wirkung geblieben war. Als Seine Heiligkeit alt genug war, um die Herrschaft zu übernehmen, und Taktras Rolle damit ausgespielt war, wurden sämtliche politischen Gefangenen, die unter Taktras Herrschaft ins Gefängnis gekommen waren, freigelassen. Doch während des Interregnums hatte Seine Heiligkeit keinerlei Machtbefugnisse und Taktra war als Regent der mächtigste Mann im Land.

Reting hatte Taktra gebeten, die Regentschaft für drei Jahre zu übernehmen. Es war zwischen ihnen vereinbart worden, dass danach die Regierungsgeschäfte wieder auf Reting übergehen sollten. Als Reting jedoch nach drei Jahren versuchte, die Regentschaft wieder einzufordern, weigerte sich Taktra, ihm die Macht abzutreten, obwohl Reting ihn dreimal aufsuchte. Reting war so empört, dass er ankündigte, er werde eine Pilgerreise durch Tsongkha, Indien und China antreten. Uns gegenüber äußerte er, er könne nicht in Lhasa bleiben, weil die Zeiten zu schlecht seien. Seine Leute und Dienstboten baten ihn, trotzdem zu bleiben. Auch mein Mann und ich baten ihn, nicht zu gehen, und schließlich gab er nach.

Gewöhnlich bricht man sich während seines *ka* ein Bein oder es stößt einem irgendein ähnliches Missgeschick zu. Doch mit Retings Unglücksjahr begann eine Kette von Ereignissen, die sich am Ende sogar als tödlich für ihn erwiesen. Ein Jahr, nachdem er versucht hatte, wieder an die Macht zu kommen, wurde er inhaftiert, und zwei Monate später erhielten wir die Nachricht, dass er im Gefängnis gestorben sei. Das war kurz nach dem Tod meines Mannes im Jahr 1947. Viele Leute glaubten, dass er ermordet wurde. Reting hatte während seiner Amtszeit Lungshar[8] die Augen ausstechen lassen, und es ging das Gerücht, dass Lungshars Sohn hinter Retings Tod steckte.

In der Nacht von Retings Tod hörten die Palastwachen gegen ein Uhr laute Hilfeschreie aus der Richtung des Gefängnisses. Die genauen Einzelheiten seines Todes kamen nie ans Licht, doch viele Leute waren überzeugt, dass er umgebracht worden war. Daraufhin ließ die Regierung in ganz Lhasa Anschläge anbringen, auf denen zu lesen stand, wer Spekulationen darüber in

Umlauf bringe, dass Reting keines natürlichen Todes gestorben sei, müsse mit strengsten Strafen rechnen.

Unsere Familie hatte zum engsten Kreis um Reting gehört. Vor seiner Verhaftung versuchte der Kashag noch, meinen Sohn und meinen Schwiegersohn aus China zurückzubeordern. Mir wurde mitgeteilt, ich solle die beiden nach Lhasa zurückholen lassen. Eigentlich wollte der Kashag alle meine Söhne und meinen Schwiegersohn ins Gefängnis werfen. Doch dazu kam es nicht, weil sich keiner von ihnen in Lhasa aufhielt. Es ging auch das Gerücht, dass der Kashag meine Tochter und mich nach Tsongkha zurückschicken wollte. Damit wäre unsere ganze Familie auseinander gerissen und jede Opposition gegen die Machthaber ausgeschaltet gewesen. Was Taktra und den ihm völlig hörigen Kashag trotz allem behutsam vorgehen ließ, war wohl die Tatsache, dass Ma Pu-fang, der chinesische Gouverneur von Amdo, uns freundlich gesinnt war und seinen nicht unbedeutenden Einfluss geltend gemacht hätte, um uns zu helfen. Aus diesem Grund mussten sie besonders diplomatisch taktieren.

Der Reting Rinpoche und mein Mann waren enge Freunde gewesen. Beide liebten Pferde und waren begeisterte Reiter. Die Verhaftung und Ermordung von Reting wäre sicherlich nicht so sang- und klanglos vonstatten gegangen, wäre mein Mann noch am Leben gewesen. Ihm standen immer noch andere Mittel zu Gebote als mir, und er hätte wohl wenigstens verhindert, dass die Verhaftung so ohne jegliches Aufsehen vonstatten ging. Deshalb glaubten viele Leute auch, dass mein Mann einem Giftanschlag zum Opfer gefallen war.

Etwa zeitgleich begannen Gerüchte zu kursieren, dass Seine Heiligkeit gar nicht der echte Dalai Lama sei. Bei der Wahl sei ein Fehler unterlaufen. Es hieß, mein Sohn sei der Ditru Rinpoche, während der Ditru Rinpoche der wirkliche Dalai Lama sei. Der Ditru Rinpoche war das Kind eines Verwandten des dreizehnten Dalai Lama. Schließlich wurde beschlossen, beide Namen in ein Gefäß zu werfen, es vor dem Bild des Je Rinpoche zu schütteln und abzuwarten, welcher Name herausfiel. Dreimal wurde das Gefäß geschüttelt und dreimal fiel der Name meines Sohnes heraus! Damit war dem Regenten Taktra[9] und dem Kashag erst einmal der Mund gestopft. Seine Heiligkeit war damals vierzehn.

Es war ganz allgemein eine schwere Zeit. Meine Söhne waren fort, mein Mann tot. Nie zuvor hatte ich mich so allein und schutzlos gefühlt. Der Tsarong Shape (ein *shape* ist ein Kabinettsminister) riet mir bei einem Besuch, äußerst vorsichtig zu sein, weil Tibet in schlimmen Händen sei. Er sagte, was die Regierung sich bei ihren Unternehmungen denke, wüssten nur die Götter. Es war die sorgenvollste Phase meines Lebens in Lhasa, bis zu dem Zeitpunkt, als die Chinesen anfingen, Tibet zu infiltrieren.

23

Eine Familien-Pilgerfahrt

Nach dem Tod meines Mannes unternahm ich eine Pilgerreise nach Duntse Shikar und Tashilunpo. Meine jüngste Tochter, Jetsun Pema, und meine ältere Tochter und ihre beiden Kinder, Khamdo und Tenzing Ngawang, begleiteten mich. Die Regierung unterstützte unser Vorhaben und gab uns zwei Reisemarschälle mit, die für unsere Unterkunft und Bequemlichkeit sorgen sollten.

Duntse war unser eigener Besitz. Etwa dreihundert *miser*-Familien bewirtschafteten das Land für uns. Einst hatte der Je Rinpoche (Tsongkhapa) hier gewohnt, doch mittlerweile war der Ort zum Museum geworden. Mir machte das Gebäude Angst. Es war uralt, und man hatte ständig das Gefühl, es könnte jeden Augenblick über einem einstürzen. Sämtliche Wände waren leicht schräg. Wenn ich durch die Räume ging, fühlte ich mich um Äonen zurückversetzt. Selbst das Mobiliar war genau so belassen worden wie zur Zeit des Je Rinpoche vor vierhundert Jahren. Es gab vier riesige Gebetshallen, eine in jeder Himmelsrichtung. Jede Halle hatte ihren eigenen Aufseher. Die ganze Nacht war der Rhythmus der rituellen Trommeln zu hören.

Vor allem ein Gebetsraum war mir nicht geheuer. Darin stand eine riesige Trommel, die den vollsten Klang hatte, den ich jemals irgendwo in Tibet gehört habe. Man erzählte mir, wenn jemand auf dem Anwesen dem Tode nahe sei, rieche es in diesem Raum nach Blut. Dieses Zimmer jagte mir immer einen Schauder über den Rücken, und ich scheute mich sogar, nur daran vorbeizugehen.

Nach zehn Tagen in Duntse brachen wir nach Tashilunpo auf, zum Sitz des Panchen Lama. Die Reise dauerte drei Tage. Der Panchen Lama selbst hielt sich zum Zeitpunkt unseres Besuches gerade in Tsongkha auf. Trotzdem wurden wir herzlich empfangen und wohnten in einem der einstöckigen Häuser in den weitläufigen Gärten. Auf dem Areal befanden sich riesige Gehege für die wilden Tiere, die sich der Panchen Lama hielt, doch da er abwesend war, waren die Käfige leer.

Der damalige Panchen Rinpoche stammte aus einer Bauernfamilie aus Amdo, ganz ähnlich der unseren. Die tibetische Regierung hatte eigentlich einen Knaben aus Kham gewählt gehabt und bereits alle Vorbereitungen für die Einsetzungszeremonie getroffen, doch die Chinesen setzten stattdessen ihren eigenen Kandidaten durch und schickten ihn zur Erziehung nach Kumbum.

In Tashilunpo wurden einige Kleidungsstücke des Je Rinpoche aufbewahrt. Sie waren aus cremeweißem Ziegenleder. Hut, Gewand, selbst die Strümpfe waren aus Leder. Das Gewand sah ein wenig abgerissen aus, weil im Laufe der Jahre immer wieder Andächtige Stückchen davon abgezupft hatten. Auch der *hari* der

Mutter des Je Rinpoche, die ebenfalls aus Amdo stammte, befand sich in Tashilunpo. Er mutete mich fremd an, weil er sehr viel breiter, schwerer und klobiger war als die modernen *haris*.

In Duntse waren unsere Tage damit ausgefüllt gewesen, Opfergaben in den verschiedenen Klöstern darzubringen. Das taten wir nun auch in Tashilunpo. Nach zehn Tagen machten wir uns auf die Rückreise nach Duntse, wobei wir unterwegs mehrere kleinere Klöster besuchten. Danach blieben wir drei Wochen in Duntse und warteten auf meine Mutter und meine Tochter, die von Tsongkha über Indien nach Zentraltibet zurückkehrten.

Während meiner ersten Jahre in Lhasa sehnte ich mich mehr nach meiner Mutter als in der Zeit in Tsongkha nach meiner Heirat. Ich schickte ihr häufig kleine Geschenke, die typisch für Lhasa waren, und sie sandte mir Delikatessen aus Tsongkha, die man in Lhasa nicht bekam. Nur sie verstand wirklich, wie einsam ich mich in der fremden Stadt fühlte.

Als meine Tochter dann nach Tsongkha reiste, um eine Verwandte zur ihrer Familie zurückzubegleiten, bat ich sie deshalb, auf der Rückreise meine Mutter, die damals dreiundsiebzig Jahre alt war, mitzubringen. Kurz nachdem meine Tochter in Tsongkha angekommen war, starb mein Mann. Ich schickte ihr ein Telegramm und bat sie, so rasch wie möglich zurückzukommen. Meine Tochter und meine Mutter reisten per Flugzeug von Tsongkha nach China und von dort nach Indien. Das war die einfachste Reiseroute. Meines

Wissens setzte sich Tschiang Kai-scheks Frau dafür ein, dass sie einen Flug bekamen. Von Indien reisten sie zu Pferd weiter, um schließlich in Duntse zu uns zu stoßen. Meine Mutter musste in einer Sänfte getragen werden, weil sie schwach und zart war und sich zu allem Übel noch den Arm gebrochen hatte. Trotzdem war ich überglücklich, sie endlich wieder bei mir zu haben. Ich weinte Freudentränen. Meine vierundsechzigjährige Tante war ebenfalls mitgekommen. Zwischen der Abreise meiner Tochter und dem Wiedersehen lagen zwei Jahre.

Bei unserer Rückkehr nach Lhasa wurde mein Sohn Tendzing Choegyal feierlich in den Mönchsstand aufgenommen und war von da an Ngari Rinpoche. Er bekam einen eigenen Diener, der für seine Nahrung und Kleidung und seine sonstigen Bedürfnisse zu sorgen hatte. Mein Schwager, Ngawang Changchup, kam damals aus Tsongkha über Indien zu uns zu Besuch. Er brachte mir die erfreuliche Nachricht, dass er meinen Sohn, Gyalo Thondup, gesehen hatte und dass dieser zwei hübsche Kinder habe. Ngawang Changchup blieb zwei Monate bei uns, dann riefen ihn seine Pflichten in Kumbum nach Tsongkha zurück.

24.

Kommunistisch besetzt

Im Jahr 1950 hatten die chinesischen Kommunisten Tsongkha endgültig annektiert. In Lhasa machte sich Panik breit, da das Gerücht umging, dass die Chinesen[10] sich rüsteten, über Chamdo, dessen Fall kurz bevorstand, auf die Stadt vorzurücken. In dieser angespannten Situation verließ Seine Heiligkeit Lhasa und machte Dromo (auch Yatung) zu seinem vorläufigen Aufenthaltsort. Kurz vor unserer Abreise setzten sich die ersten Vertreter der Kommunisten mit ihren Funk- und Radiostationen in Lhasa fest. Seine Heiligkeit, zahlreiche Regierungsbeamte, verschiedene Aristokratenfamilien und unsere Familie verließen gemeinsam die Stadt und siedelten nach Dromo über.

Seine Heiligkeit quartierte sich im Kloster von Dungkhar ein, während meine Familie und ich in einem nahe gelegenen Kloster wohnten. Meine Söhne Lobsang Samten und Tendzing Choegyal waren bei mir. Meine ältere Tochter befand sich zu dieser Zeit in ärztlicher Behandlung in Indien und hatte ihre beiden Kinder sowie meine jüngste Tochter Pema mitgenommen, um sie in Darjeeling in einem Internat unterzubringen. Als sie hörten, dass wir in Dromo waren, besuchten sie uns dort, und wir feierten zusammen Neujahr. Acht Monate später entschloss sich Seine Heiligkeit, trotz aller Warnungen, nach Lhasa zurückzukehren, weil er sein Volk nicht zu lange allein lassen wollte.

Anfang 1951 bestand der Kashag darauf, dass es für die Sicherheit Seiner Heiligkeit[11] unerlässlich sei, seine provisorische Regierung ins Kloster Dungkhar in Dromo zu verlegen, eine kleine Stadt etwa zwanzig Kilometer von der Grenze zu Indien und Sikkim entfernt. Direkt hinter der Grenze lagen die tibetischen Siedlungen in Kalimpong und Darjeeling in Indien. Vor seiner Abreise setzte der Dalai Lama zwei Premierminister ein, die er mit absoluter Vollmacht ausstattete, allerdings unter dem Vorbehalt, in »Angelegenheiten von allerhöchster Wichtigkeit« konsultiert zu werden. Er hatte vor, nach Lhasa zurückzukehren, sobald eine annehmbare Übereinkunft mit den Chinesen erreicht war.

Ich selbst begab mich nach diesem erneuten Ortswechsel auf eine Pilgerfahrt nach Indien über Nepal. Seine Heiligkeit schlug mir vor, meine Freunde, das Ehepaar Taring, als Dolmetscher mitzunehmen. Die beiden gehörten zu den Aristokratenfamilien, die mit uns nach Dromo gezogen waren. Unsere erste Reiseetappe führte uns nach Gangtok, wo wir unsere Pferde und Lasttiere zurückließen. Wir wohnten bei Yaba Tseten Tashi und in einem Haus hinter dem Kloster. Nach einer Woche reisten wir weiter nach Kalimpong.

Dort empfing uns der ehemalige Choegyal von Sikkim sehr herzlich und lud uns zum Essen ein. Wir blieben einen ganzen Monat in Kalimpong und trafen die erforderlichen Vorbereitungen für die eigentliche Pilgerfahrt. Unter anderem hatten wir uns auch gegen Pocken impfen lassen. Ich vertrug die Impfung offenbar schlecht, denn als wir nach Nepal kamen, war meine Impfnarbe unförmig angeschwollen, und ich fühlte mich sehr elend.

Eine Woche blieben wir in Nepal und hatten die Ehre, vom früheren König des Landes in seinen Palast eingeladen zu werden. Wir waren eine stattliche Reisegesellschaft: Neben Herrn und Frau Taring reisten Frau Surkhang, Sadutsang, Ngari Changzo und Changzo Daking mit uns sowie zahllose Dienstboten. Der König meinte, es sei noch verfrüht, Lumbini, die Geburtsstätte des Buddha, zu besuchen, doch wenn wir unbedingt hin wollten, werde er uns eine Eskorte von fünfzig Bewaffneten mitgeben. Ich lehnte diese freundliche Geste ab, da sie ihm nur Ungelegenheiten bereitet hätte, dankte ihm aber für seine Fürsorge.

Von Nepal reisten wir per Flugzeug nach Patna und dann mit dem Zug nach Kalkutta. Gya Lamas Tochter dolmetschte für uns. Sie sprach zwar nicht sehr gut Tibetisch, gab sich jedoch große Mühe. Von Patna aus besuchten wir Varanasi, Bodh Gaya und andere heilige Stätten. Eine Woche später kehrten wir nach Darjeeling und schließlich nach Kalimpong zurück. Ich hatte eigentlich vorgehabt, nach der Reise nach Tibet zurückzukehren, um bei Seiner Heiligkeit zu sein. Doch einige chinesische Freunde erklärten mir, dass ich damit in den sicheren Tod gehen würde, und beschworen mich, Indien nicht zu verlassen. Ihre düsteren Prognosen machten mir Angst. Am Ende gab ich nach. Ein Jahr blieb ich in Kalimpong.

Während dieses Jahres erkrankte ich an einer Art Lähmung. Meine Tochter bat von Gangtok aus telefonisch in Dikilingka um einen Arzt und Medikamente. Innerhalb von sechs Tagen waren die Medikamente da. Frau Panda war der festen Überzeugung, dass ich am Rand des Grabes stehe. Sie weinte viel an meinem Bett und schenkte mir in ihrem Kummer sogar die Gebetskette ihres Mannes. Mein jüngster Sohn saß viel bei mir und bat mich immer wieder, nicht einzuschlafen. Ging es mir sehr schlecht, trug ich die Gebetskette, fühlte ich mich besser, trug er sie. Nach zwei Wochen medizinischer Behandlung und zahllosen Gebeten besserte sich mein Zustand.

Nach meiner Genesung gingen wir für drei Monate zur Erholung nach Darjeeling. Ich schrieb an meinen Sohn Gyalo Thondup und bat ihn, nach Indien zu kommen, weil ich nun trotz aller Bedenken bald nach Tibet zurück wollte. Eines Abends, als ich schon zu Bett gegangen war, hörte ich Autos in der Auffahrt. Meine Dienerin stürzte herein und sagte, da sei jemand, der behaupte, mein Sohn zu sein. Für sie sah er wie ein hoch gewachsener Ausländer aus. Noch bevor ich begriff und aufgestanden war, war mein Sohn bereits an meiner Seite! Ich hatte ihn viele, viele Jahre nicht gesehen, seit er als halbes Kind nach China gegangen war, und er hatte sich natürlich sehr verändert. Als er fortging, war er ein Junge, und nun war er ein Mann, und noch dazu ein besonders groß gewachsener, der mit Frau und Tochter zurückkehrte.

Gyalo Thondup war sechzehn gewesen, als wir ihn nach China schickten. Ich hatte ihn erst nicht gehen lassen wollen, denn China war so weit, und mein Mutterherz rebellierte heftig gegen die Trennung. Mein Mann dagegen war der Ansicht, dass das Leben in der Fremde eine gute Schule für unseren Sohn sein würde. Mein Sohn selbst hatte den brennenden Wunsch fortzukommen. Es gab deshalb viele Auseinandersetzungen in der Familie. Zum Schluss war es entschieden. Gyalo Thondup durfte nach China. Trübe Vorahnungen, dass eine lange Zeit vergehen würde, bis ich ihn wiedersah, verdüsterten mir den Abschied zusätzlich, und diese Ahnungen trogen nicht. Ich hatte ihn in all den Jahren nur ein einziges Mal, nach seiner Hochzeit in China, kurz wiedergesehen, als er einundzwanzig war.

Gyalo Thondup begleitete mich zurück nach Lhasa und ließ seine Familie bei meiner Tochter. Yaba Tseten Tashi's Frau zeigte sich sehr besorgt, als wir Gangtok verließen. Sie bestand darauf, mir ihren Schal und ihre Handschuhe mitzugeben, weil wir im Winter zurückreisten und mit bitterer Kälte rechnen mussten. Die übrige Familie hatte bereits zu diesem frühen Zeitpunkt beschlossen, in Indien Zuflucht zu suchen.

Auch für Gyalo Thondup stand schon nach kurzer Zeit in Lhasa fest, dass Tibet kein sicheres Land[12] mehr war, und er plante bereits, es wieder zu verlassen. Niemand außer mir wusste davon. Er war mehrfach bei den Kommunisten angeeckt, und einige Chinesen ließen sich zu der Äußerung hinreißen, er bedürfe der Umerziehung. Das war eine indirekte Drohung. Mein Sohn meinte mir gegenüber, es werde wohl nicht mehr lange dauern, bis die chinesischen Kommunisten versuchen würden, ihn mehr oder weniger sanft zu »überreden«, seine Ansichten zu ändern. Er bat mich daher, ihn wieder nach Indien gehen zu lassen, und ich stimmte schließlich, wenn auch widerstrebend, zu.

Bevor er Tibet endgültig verließ, machte Gyalo Thondup noch eine Rundreise durch unsere Güter. Er schenkte alles, was wir in unseren Vorratshäusern hatten, den *miser*, und sagte ihnen, dass sie uns nichts mehr schuldig seien. Vor ihren Augen verbrannte er sämtliche Papiere, in denen ihr früherer Status vermerkt war. Nach einem nur dreimonatigen Aufenthalt wollte er dann über Duntse nach Indien zurückkehren, und zwar wollte er an einem Markttag abreisen, weil das unauffälliger war. Er bat mich, ihm nicht böse zu sein, dass er mich schon wieder allein ließ. Mein Sohn Lobsang Samten und ich waren die Einzigen, die überhaupt von seiner bevorstehenden Abreise wussten. Seiner Heiligkeit sagten wir bewusst nichts davon. Lobsang Samten meinte, wenn die Chinesen Seine Heiligkeit fragten, ob er wisse, wo sich sein Bruder aufhalte, würde er sich bestimmt durch sein schuldbewusstes Erröten verraten. Er war ja immer noch sehr jung.

Gyalo Thondup reiste zunächst nach Jayul, dann nach Jora und schließlich nach Tawang. Eine große Hilfe war ihm Pemba Rimshi aus Dikilingka. Er gab ihm ein Erlaubnisschreiben für die Überquerung der Grenze nach Indien in Tawang mit. Die ganze Geheimniskrämerei war notwendig, weil die Chinesen ihn in Lhasa festgehalten hätten, wenn sie gewusst hätten, dass er vorhatte abzureisen.

Als sie in Tawang ankamen, war der zuständige indische Beamte nicht da. Mein Sohn und seine Gefährten wurden eingesperrt und ihre Schusswaffen konfisziert. Erst am nächsten Tag erschien der Regierungsbeamte und zeigte sich sehr zuvorkommend. Mein Sohn schickte sämtliche Bediensteten nach Lhasa zurück, weil er nach Indien weiterreisen wollte. Die Diener flehten ihn an, doch zurückzukehren, weil ich sonst schrecklich böse mit ihnen sein würde. In ihrer Verzweiflung umklammerten sie seine Knie und jammerten, was um alles in der Welt sie bloß Seiner Heiligkeit sagen sollten. Er sagte, sie sollten mir erzählen, er habe die Ruhr und müsse sich in Indien in ärztliche Behandlung begeben.

Gegen Abend kehrten die Diener nach Lhasa zurück und berichteten mir zerknirscht, dass mein Sohn nicht wiederkomme. Obwohl ich es natürlich gewusst hatte, tat ich so, als sei ich völlig außer mir, und weinte und schluchzte, damit niemand auf die Idee kam, ich sei in den Fluchtplan eingeweiht gewesen. Dabei fällt es mir von Natur aus sehr schwer zu weinen, ich tue es eigentlich nur in höchster Angst oder unter großer seelischer

Belastung. Ich wies die Diener an, die Nachricht von der Abreise meines Sohnes auch Seiner Heiligkeit und den chinesischen Beamten zu übermitteln.

Die Chinesen waren sehr aufgebracht und begaben sich stehenden Fußes zu Seiner Heiligkeit, der sich gerade im Norbulingka aufhielt. Sie sagten, sie würden meinen Sohn schriftlich zurückbeordern. Dann kamen sie zu mir, um mich zu »trösten«. Wenn ich bei dieser Gelegenheit weinte, dann hauptsächlich aus Angst. Etwas später erhielt ich Nachricht von Pemba Rimshi aus Dikilingka, dass mein Sohn sicher in Indien angekommen war.

25.

Die Reise durch China

Im Jahre 1954 – Seine Heiligkeit war damals neunzehn Jahre alt – luden ihn die Repräsentanten des kommunistischen Regimes in Tibet zu einer Chinareise ein. Er fragte mich, ob ich ihn nicht begleiten wolle, es würde mir sicher gefallen. Ich erklärte mich einverstanden. Vor der Reise schlugen wir Seiner Heiligkeit vor, ein paar Tage in Changseshar, unserer Residenz, zu verbringen. Er hatte das Haus noch nie gesehen; sein Besuch war daher eine große Ehre für mich und das ganze Hauswesen.

Vor seiner Ankunft bauten wir noch eigens eine neue Küche und eine neue Auffahrt, falls sein Wagen bis zum Haus fahren sollte. Damals gab es bereits Autos in Tibet, aber noch nie war ein Auto in Changseshar gewesen. Außerdem mussten wir Essen für Seine Heiligkeit und sein Gefolge aus Beamten sowie für die wartenden Menschen vorbereiten, die um eine Audienz bei ihm ersuchen würden. Es war eine schöne, aber auch sehr verantwortungsvolle Aufgabe, einen so hohen Gast zu empfangen. Schon vor Beginn der Reise wurden täglich bestimmte Gebete gesprochen und bei der Verabschiedung waren der gesamte Kashag und zahlreiche Aristokraten anwesend.

Nach dem Besuch Seiner Heiligkeit trafen wir Vorkehrungen für die geplante Chinareise. Die chinesische Regierung hatte sich bereit erklärt, die gesamten Kosten zu übernehmen. Mich hatte man aufgefordert, auch meine Kinder und Enkel aus Indien[13] einzuladen, uns auf der Reise zu begleiten. Ich fürchtete jedoch um ihre Sicherheit, denn die Chinesen waren uns keineswegs so freundlich gesonnen, wie sie vorgaben. Ich tat deshalb so, als ob ich ihrem Vorschlag folge, und schickte meinen Haushofmeister nach Indien zu meinen Angehörigen, gab aber insgeheim Anweisung, dass sie unter allen Umständen bleiben sollten, wo sie waren. Die Chinesen waren sehr angetan, dass ich mich ihrer Forderung scheinbar so bereitwillig gefügt hatte. Ich fing ostentativ an, Garderobe für meine Enkel herzurichten, und sagte, sie bräuchten die entsprechende Kleidung für China. Daraufhin strahlten die Chinesen förmlich vor Wohlwollen und wiederholten erneut, dass ich doch nicht zulassen sollte, dass meine Familie in der Fremde – damit meinten sie Indien –, so weit von mir, lebte.

Als mein Sohn Gyalo Thondup mir telegrafisch mitteilte, dass weder er noch der Rest der Familie mich nach China begleiten würden, waren die Chinesen erbost und gaben ihrem Missfallen unverhohlen Ausdruck. Ich musste vor ihnen ebenfalls Enttäuschung heucheln. Die vorbereiteten Kleider schenkte ich den Kindern von Freunden.

Das Volk von Lhasa[14] war entsetzt, als es von unserer beabsichtigten Reise erfuhr. Die Leute wussten genau, dass die Chinesen nicht die wohlwollenden Gastgeber waren, als die sie sich hinstellten, und hatten große Angst um unsere Sicherheit. Sie fürchteten, uns nie mehr wiederzusehen, zogen in riesigen Prozessionen vor unser Haus und baten uns, nicht fortzugehen. Es kam zu Massenprotesten gegen die Repräsentanten Chinas. Die Chinesen wurden aufgefordert, Seine Heiligkeit nach Ablauf eines Jahres unversehrt nach Lhasa zurückkehren zu lassen.

Meine Tochter Tsering Dolma und meine beiden Söhne, Lobsang Samten und Ngari Rinpoche, waren mit von der Partie. Am ersten Tag des fünften Monats des Jahres 1954 brachen wir auf. Wir ritten von Lhasa nach Konken Jinda, fuhren dann zwei Tage lang mit dem Auto, um schließlich erneut das Pferd zu besteigen. Die Straßen waren in einem fürchterlichen Zustand. Die Chinesen hatten sie in großer Eile instand gesetzt[15]; teilweise bestanden sie nur aus groben Schotteraufschüttungen. Immer wieder mussten wir vom Pferd steigen und zu Fuß gehen, um überhaupt durchzukommen.

Es war eine abenteuerliche und gefährliche Reise. An manchen Stellen mussten wir jäh abstürzende Schluchten und Täler überqueren, über die nur behelfsmäßig Holzplanken gelegt waren, um sie überhaupt passieren zu können. Dazu bestand in den Bergen ständig Steinschlaggefahr, weil es vorher stark geregnet hatte. Unsere Nerven waren die ganze Zeit zum Zerreißen gespannt.

Spähtrupps ritten voraus und warnten uns durch das Schwenken einer roten Fahne, wenn Gefahr bestand.

Hinter Konko gestaltete sich die Reise sogar fast noch schwieriger. Sie musste nun größtenteils zu Fuß bestritten werden. Unsere Pferde waren von den spitzen Steinen auf der Straße verletzt und viele bluteten aus zahlreichen Wunden. Mehrere unserer Lasttiere stürzten bei der Überquerung wackeliger Brückenkonstruktionen in den reißenden Fluss. Allein sieben Tiere verloren wir auf diese Weise. Außerdem hatten wir keine richtigen Übernachtungsmöglichkeiten. Es wurden lediglich provisorische Schutzdächer aus Bambus errichtet.

Nach drei Tagen fragte ich, wie lange es noch so weitergehen würde. Ich wäre am liebsten sofort wieder umgekehrt. Man sagte mir, dass der Weg nur noch drei Tage lang so schlecht sei, dann würden wir wieder in Autos umsteigen können, da dort eine ganz neue Piste für Jeeps gebaut worden sei. Also ritt und marschierte ich wohl oder übel weiter mit. Die Meinen und ich ritten oder gingen immer vor dem Gefolge Seiner Heiligkeit. Unsere beiden Reisegruppen zählten insgesamt an die dreihundert Menschen.

Eines Tages, als meine Familie, die beiden Lehrer Seiner Heiligkeit und ich zusammen ritten, lösten sich plötzlich über uns Felsen und Erdreich und fielen mit donnerndem Getöse den Hang hinab. Wir warteten einige Zeit, dann meinte ich, wir könnten nun wohl weiterreiten, der Erdrutsch sei zum Stillstand gekommen. Die beiden Lehrer zögerten noch, aber ich ritt entschlossen los. Mein Neffe war bei mir, Ngari Rinpoche war uns schon ein ganzes Stück voraus. Da stürzten auf einmal erneut Felsbrocken herunter. Mein Pferd blieb beim ersten Laut der Gefahr sofort stocksteif stehen. Das Pferd meines Neffen jedoch machte, als es das todbringende Donnern hörte, unvermittelt einen gewaltigen Satz von mindestens vier Metern. Es war ein Wunder. Wäre das Pferd nicht gesprungen, wären Tier und Reiter umgekommen. Das war wohl der schlimmste Augenblick auf unserer ganzen Reise.

Zwei Tage später erreichten wir Shinan, wo wir drei Tage blieben. Hier schloss sich der Panchen Lama unserer Reisegruppe an. Außerdem gesellte sich mein Schwager zu uns. Danach rasteten wir einen Tag in Pochi. Von dort aus setzten wir die Reise in robusten russischen Jeeps fort.

Wir brauchten insgesamt zwei Wochen von Lhasa bis zur chinesichen Grenze. Lanchow, an der Grenze zwischen China und Tibet gelegen, ist ein fruchtbarer Landstrich mit Mittelmeerklima und Früchten im Überfluss. Ich war allerdings etwas schockiert über die Uniformität der Menschen hier. Männer wie Frauen trugen die gleichen Kleider, die für das kommunistische China typisch waren: blaue Hemdjacken und Hosen. Selbst die Kopfbedeckungen waren aus blauem Baumwollstoff. In Chengdu, Sichuan, legten wir einen Aufenthalt von zehn Tagen ein. Ich wurde das Gefühl nicht los, dass die Chinesen uns unbedingt beeindrucken wollten. Nie wurden wir an einen Ort gebracht, der unser Bild von China hätte nachteilig beeinflussen können. Wo wir auch hinkamen, überall war es peinlich sauber und ordentlich.

Von Sichuan flogen wir nach Peking. Unsere Reittiere und Diener hatten wir nach Lhasa zurückgeschickt. Drei Monate blieben wir in Peking und lernten Tschou En-lai, Liu Schao-tschi und Tschu Teh kennen. Wir bekamen ein geräumiges dreistöckiges Haus als Quartier zugewiesen. Seine Heiligkeit bewohnte mit seinen beiden Lehrern das Obergeschoss, die Familie und ich die unteren Stockwerke. Am Tag unserer Ankunft fand uns zu Ehren ein großes Begrüßungsbankett statt.

Die Chinesen überhäuften uns mit Veranstaltungen. Nie kamen wir auch nur einen Augenblick zur Ruhe, was mich sehr ermüdete. In der Regel war ich unendlich dankbar, wenn ich am Abend wieder in meinem Bett lag. Während des ganzen Aufenthalts wurde uns von morgens bis abends immer irgendetwas geboten. Wir erfuhren stets am Abend, welche Programmpunkte für den nächsten Tag vorgesehen waren. An manchen Tagen mussten wir um vier Uhr morgens aufstehen und kamen erst um sieben Uhr abends wieder zurück.

Es erheiterte mich, dass wir immer mit einem Glockensignal zum Essen gerufen wurden. Ganz gleich, wie köstlich das Essen auch schmeckte, ich sehnte mich nach unserer heimischen Küche. Sobald die Mahlzeit zu Ende war, ertönte die Glocke erneut zum Zeichen, dass wir gleich zu einer Besichtigungstour aufbrechen würden. Manchmal gab ich vor, krank zu sein und sagte, meine Arthritis mache mir zu schaffen. Aber ich konnte nicht immer so tun, als sei ich krank, und schon bald musste ich wieder in die Mühle des chinesischen Protokolls zurück. Jedes Mal, wenn ich sagte, ich fühle mich unwohl, suchte mich der chinesische Arzt auf und gab mir eine Spritze und Medikamente. Die Medikamente konnte ich die Toilette hinunterspülen, doch vor der Injektion konnte ich mich nicht drücken. Am Ende war ich so weit, Sightseeing als das geringere der beiden Übel anzusehen.

Ich war dabei, als Seine Heiligkeit und der Panchen Lama zum ersten Mal mit Mao Tse-tung zusammentrafen. Maos Haus lag inmitten eines Sees. Er selbst machte auf mich keinen besonderen Eindruck. Außerdem schien er Probleme mit den Stimmbändern zu haben, denn alle paar Sätze musste er sich räuspern. Am meisten verblüffte mich sein Haus, das mehr an ein russisches als an ein chinesisches Heim erinnerte. Die Innenausstattung und sämtliche Möbel stammten aus Russland. Tschou En-lai war eindeutig der bestechendere Staatsmann, ein gewandter Redner und gewiefter Diplomat. Mich persönlich beeindruckte noch Madame Soong, die Frau des chinesischen Außenministers. Obwohl sie schon in den Sechzigern stand, war ihr Gesicht völlig faltenlos. Auch Chruschtschow sah ich bei diesem bedeutenden gesellschaftlichen Anlass.

Nach drei Monaten in Peking fuhren wir mit dem Zug nach Nanking. Es hatte geschneit und die Stadt wirkte öde und verlassen. Wir blieben zehn Tage, die wie üblich reichlich angefüllt waren mit Besichtigungen. Danach ging es weiter nach Schanghai, wo wir das chinesische Neujahrsfest mitfeierten. Den ganzen Tag explodierten Feuerwerkskörper. Da Schanghai stark vom Westen beeinflusst war, glich es in vielem den Städten der westlichen Welt. Von allen Städten, die wir sahen, war Schanghai industriell am weitesten entwickelt. Man begegnete hier noch den kärglichen Überbleibseln des China von vor 1949. So war die Kleiderordnung in Nanking längst nicht so eintönig wie in Peking, und man sah hie und da noch Spuren der alten Farbenpracht, von Seide und Brokat. Die Frauen waren sehr viel modischer gekleidet als im asketischen Peking, doch es gab klare Anzeichen, dass es mit dieser Heiterkeit bald ein Ende haben würde. In Schanghai verspürte ich einen plötzlichen Heißhunger auf Peperoni und machte dabei die Erfahrung, dass etwas, worauf man Heißhunger hat, einfach nicht zu haben ist. Nirgendwo bekam ich meine Peperoni, ganz gleich, wie sehr wir auch danach suchten. Letztendlich überwand ich meine Gier.

Unser nächster Halt war Tianjing, wo wir nach zwei Wochen Schanghai nur für vier Tage blieben. Danach fuhren wir nach Hangchow, das unter einer frischen Schneedecke lag. Hangchow ist das Zentrum der chinesischen Seidenindustrie. Zehn Tage später reisten wir nach Wuxi, dann nach Yenna, Xian und Dalian, ebenfalls eine größere Industriestadt. Wegen der zahlreichen Fabriken lag die ganze Stadt unter einer dicken Glocke aus Abgasen und Rauch. Ich hatte das Gefühl, dass wir an jedem einzelnen Tag unseres Aufenthalts praktisch alle Fabriken besichtigten, die es dort gab.

Sechs Tage verbrachten wir in Yampel, in der Nähe der koreanischen Grenze. Die Mundart und die Kleidung dort unterschieden sich etwas vom übrigen China. Die Leute trugen noch ihre traditionelle Kleidung mit sehr weit geschnittenen Ärmeln. Es war ein auffallend hochgewachsener Menschenschlag. Als wir über Land fuhren, sahen wir immer wieder Bauersfrauen, die alle möglichen Lasten auf dem Kopf trugen, wie man es von Indien her kennt.

Das tibetische *losar*-Fest begingen wir wieder in Peking. Da wir uns in einem fremden Land befanden, feierten wir ein sehr schlichtes Neujahr. Morgens entboten wir Seiner Heiligkeit unsere Ehrerbietung, danach unterhielten uns die Chinesen für den Rest des Tages mit ihrer Oper.

Entsetzt war ich über die Armut der chinesischen Bauern. Wir wurden nie in wirklich arme Regionen mitgenommen, aber manchmal ließ es sich nicht vermeiden, dass wir etwas davon zu sehen bekamen. Die Menschen vegetierten in niedrigen Bambushütten, ohne Möbel. Manchmal, wenn wir aus dem Auto stiegen, streckten uns die Leute heimlich die Hände hin und baten um eine Gabe. Ich drückte ihnen dann genauso heimlich etwas Geld in die Hand, und sie gaben mir stumm zu verstehen, dass ich ja kein Wort sagen sollte, weil sie sonst schwer bestraft würden. Einer der Bauern sagte mir, wenn die Regierung wüsste, dass er bettle, würde er sofort getötet. An der Straße entlang sahen wir zahlreiche leere Särge. Sie waren von den Armen ausgeraubt worden. Auch hatten die Bauern keine Zugtiere, die Pflüge wurden von Menschen gezogen.

Ich kaufte viel in China ein, vor allem Stoffe und Seiden. All die herrlichen Brokatstoffe, die es unter der Kuomintang gegeben hatte, waren allerdings verschwunden. Wir fanden nur Seidenstoffe von minderwertiger Qualität. Unsere gesamten Ausgaben wurden von den Chinesen bestritten. Während des Jahres, das wir fort waren, bekam ich ein monatliches Taschengeld von etwa tausend *tayuan*. Die anderen erhielten zwischen siebenhundert und tausend *tayuan*. Später gab man uns dann Berechtigungsscheine statt Geld. Außerdem ließ man Sommer- und Winterkleider im tibetischen Stil für uns nähen. Wir sollten ganz eindeutig bestochen werden, China wunderbar zu finden.

In den Läden durfte man nur eine begrenzte Menge an Waren kaufen. Als man mir einmal mehr als das festgelegte Quantum an Stoff verweigerte, teilte mein Dolmetscher dem Verkäufer hastig mit, dass ich die Mutter des Dalai Lama sei. Erst da durfte ich kaufen, was ich wollte. Alle Läden nahmen Berechtigungsscheine statt Geld.

Manche Orte, die wir in China sahen, waren wirklich schön. Doch ihre Schönheit war an mich verschwendet, weil wir immerzu tun mussten, was die Chinesen wollten. Man ließ uns nicht die Zeit, einen Ort in Ruhe auf uns wirken zu lassen. Nie im Leben habe ich mich so nach Tibet gesehnt wie in diesen Tagen in China. Ich hatte kein Vergnügen an der Reise, obwohl die Chinesen alles taten, um gute Gastgeber zu sein. Das Einzige, was ich in China wirklich genoss, war die Oper.

Die chinesischen Bediensteten waren verpflichtet, am Abend politische Sendungen im Radio zu hören oder zu Versammlungen zu gehen. Ich wusste das, weil das Mädchen, das mir zugeteilt war, jeden Abend pünktlich in der Versammlung sein musste. An den Samstagen musste sie sich beeilen, wenn sie die Haare waschen wollte, weil sie so wenig freie Zeit hatte. Das erste chinesische Mädchen, das zu meinen Diensten abgestellt war, heiratete. Dreizehn Tage nach der Hochzeit wurde ihr Mann nach Lanchow versetzt. So funktionierte das chinesische System. Weil nach ein paar Monaten nicht mehr zu übersehen war, dass sie schwanger war, wurde sie von ihren Pflichten als meine Assistentin entbunden.

Beim Abschied weinte sie sehr und sagte, Unglück sei über China gekommen. Sie sagte mir, ich solle froh sein, nach Tibet zurückkehren zu können, warnte mich aber zugleich, dass das Unglück auch über Tibet kommen werde. Als wir später nach Tibet zurückreisten, weinten alle unsere chinesischen Bediensteten und flehten uns an, sie doch mitzunehmen. Ja, sie fingen schon zehn Tage vor unserer Abreise an zu trauern. Sogar Tschou En-lai weinte, als er uns Lebewohl sagte. Das Leben im kommunistischen China muss wirklich schlimm gewesen sein, sonst hätten die Leute nicht so viele Tränen vergossen.

Wir flogen von Peking nach Lanchow und nahmen

dann den Zug nach Amdo, das die Chinesen Qinghai nennen. Fünf Tage lang blieben wir im Kumbum-Kloster, wo große Feierlichkeiten abgehalten wurden. Danach reisten wir nach Taktser. Zunächst fuhren wir zwei Stunden lang im Auto, und den Rest der Strecke legten wir zu Pferd zurück, weil es keine befahrbare Straße mehr gab. Ich erfuhr, dass die Einwohner von Tsongkha gezwungen worden waren, Straßen für den Besuch Seiner Heiligkeit zu bauen, doch als er nun durch die Gegend kam, wurden sie fortgeschickt und durften ihn nicht sehen.

Tsongkha hatte eine beklemmende Wandlung durchgemacht. Überall sahen wir Zeichen der Armut. Die Bauern trugen zerschlissene Kleider und lebten in völligem Elend. Die meisten von ihnen brachten kaum ein Wort hervor, sondern verharrten in unglücklichem Schweigen. Als uns in Taktser Leute besuchen wollten, hielten acht oder neun Soldaten Wache an der Tür, und im Audienzraum belauschte ein Soldat unsere Gespräche. Es war den Besuchern unter diesen Umständen kaum möglich, frei zu sprechen. Bevor jemand überhaupt zu mir gelassen wurde, wurde der Betreffende erst einem strengen Verhör über den Zweck seines Besuchs unterzogen. Wer die Unterhaltung nicht in engen, unverfänglichen Grenzen hielt, wurde bestraft. Selbst die Gesprächszeit war genau bemessen.

Wenn sie ins Zimmer traten, fragte ich die Leute immer, wie es ihnen gehe. Ihre erste Antwort war stets: »Dank der Güte des Vorsitzenden Mao sind wir sehr glücklich.« Und während sie das sagten, weinten sie.

Die Tränen liefen ihnen über die Wangen. Wenn sie den Raum verließen, wurden sie erneut über den Inhalt des Gesprächs verhört. Selbst meine Verwandten konnten nicht offen reden. Sie weinten bloß.

Jedes Kloster in Tibet hatte Vorräte, die in besonderen Räumen gelagert waren und von denen es viele Jahre lang zehren konnte. Die Chinesen hatten diese Vorräte geplündert und alles aus Kumbum fortgeschleppt. Der gesamte Landbesitz des Klosters war enteignet worden, und ich sah, dass das Kloster sich nicht einmal mehr selbst versorgen konnte.

Einmal fuhr ich auch zurück zu unserem alten Haus. Es war in der Zwischenzeit abgerissen worden und ein neuer Bau stand an derselben Stelle. Es war immer der Traum meines Mannes gewesen, dass wir alle später einmal nach Tsongkha zurückkehren und uns dort zur Ruhe setzen würden. Er hatte oft zu mir gesagt, dass im alten Haus nicht genügend Platz sei, weil unsere Familie stetig gewachsen war. Deshalb hatte er das Kloster von Taktser gebeten, den Bau eines neuen Hauses in die Wege zu leiten und zu überwachen. Nun sah ich es zum erstenmal. Ich war froh, dass mein Mann nicht mehr miterlebte, dass sein Traum sich nie erfüllen würde. Das Haus war dreimal so groß wie unser altes Haus; wir alle hätten darin genug Platz gehabt.

Nach unserem Aufenthalt in Taktser kehrten wir nach Tsongkha zurück, wo wir drei Tage blieben. Dann reisten wir über China nach Lhasa. In Lanchow, das sehr stark an Tsongkha erinnert, kamen wir an einigen Gasthäusern vorbei, in denen ich Speisen zum Verkauf angeboten sah, wie wir sie in Tsongkha kennen. Ich hätte furchtbar gern etwas davon gehabt, und da die Chinesen uns nicht erlaubten, ohne ärztliches Attest etwas aus den Gasthäusern zu essen, schickte ich heimlich einen unserer Diener. Er besorgte uns in den Restaurants etwas zu essen und schmuggelte es, in seinem Gewand versteckt, in unsere Zimmer. So kamen wir zu einem heimlichen Festmahl, das wir mit großem Genuss verzehrten.

Von Lanchow aus fuhren wir mit dem Schiff sechs Tage nach Hanchow. Nach zwei Tagen musste das Schiff die Maschinen stoppen, weil die See zu rau war und die Gefahr bestand, dass wir auf die riesigen Felsen aufliefen. Es war ein großes Schiff, das dreihundert Menschen fasste, und so hatten wir es sehr komfortabel an Bord. Von Hanchow reisten wir für drei Tage in das auf einem Berg gelegene Kunming. Als wir Sichuan verlassen wollten, mussten wir einen unfreiwilligen Aufenthalt von zehn Tagen einlegen. Die Strecke vor uns war von einem schweren Erdbeben heimgesucht worden und die Straßen waren stark beschädigt.

Unsere Reise nach China war alles in allem eine interessante, aber auch ermüdende Erfahrung. Seine Heiligkeit eignete sich im Laufe dieses Jahres sogar etwa zweitausend chinesische Schriftzeichen an. Mich belustigte es immer, wenn ich zusah, wie er jeden Morgen an den Gymnastikübungen der Chinesen teilnahm. Auch mein Sohn und mein Schwiegersohn turnten mit, weil die Teilnahme für Männer Pflicht war.

Mein jüngster Sohn, der Ngari Rinpoche, war zum Zeitpunkt unserer Reise gerade fünf Jahre alt. Die Chinesen verwöhnten ihn nach Strich und Faden und schleppten ihn überallhin mit. Wir sagten vor ihm nie ein Wort gegen die Chinesen, da wir fürchteten, er würde es in aller Unschuld ausplaudern, weil er noch so klein war. Da unser Chinaaufenthalt sich so lange hinzog, sprachen die Chinesen, die uns begleiteten, am Ende fast fließend Tibetisch. Wir wiederum konnten etwas Chinesisch, und unsere Gastgeber schmeichelten mir, ich würde ganz passabel die Umgangssprache beherrschen.

Am ersten Tag des fünften Monats, genau ein Jahr nach unserer Abreise, kehrten wir nach Lhasa zurück. Die Menschen strömten uns entgegen, um uns zu begrüßen, und säumten die letzten beiden Wegstunden nach Lhasa die Straßenränder. Ich war dem Gefolge Seiner Heiligkeit einen Tag vorausgereist, weil es meiner Mutter nicht gut ging. Seine Heiligkeit reiste direkt zum Norbulingka, wo eine Begrüßungszeremonie abgehalten wurde.

Wir mussten überrascht und erschrocken feststellen, dass mittlerweile viel mehr Chinesen in Lhasa lebten. Gerüchten zufolge rüsteten sie sich, Tibet in Kürze ganz zu besetzen. Bevor wir China verließen, hatte Mao zu Seiner Heiligkeit gesagt, das Schicksal Tibets liege in seinen Händen. Mao bat ihn, das Land innerhalb von ein oder zwei Jahren neu unter dem ganzen Volk zu verteilen. Seine Heiligkeit meinte, es wäre klüger, das Land einem allmählichen Veränderungsprozess zu unterziehen.

Lobsang Samten war der oberste Haushalts- und Finanzverwalter Seiner Heiligkeit geworden, erkrankte dann jedoch so schwer, dass er sein Amt nicht mehr versehen konnte. Zwei Tage und Nächte lag er im Delirium und schlug um sich, ganz gleich, wer an sein Bett trat. Der Arzt sagte mir, er müsse sich unbedingt in Behandlung begeben. Ich stimmte zu. Daraufhin wurde zunächst zerdrückter Knoblauch auf seine Brust gestrichen. Darüber kam angezündetes Räucherwerk. Vier Männer hielten den Kranken fest, während die Hitze des Räucherwerks bis aufs Fleisch durchdrang. Eine große Blase bildete sich und brach auf. Dieselbe Behandlung wurde an beiden Schultern und unterhalb des Nackens durchgeführt. Nach dieser Prozedur lag mein Sohn wie ein Toter da. Man musste ihm die Zähne mit einem Löffel auseinanderstemmen, um ihm Medizin einflößen zu können. Nach zwei Tagen halber Bewusstlosigkeit erholte er sich langsam.

Der Arzt, der meinen Sohn behandelt hatte, war berühmt in Lhasa. Er konnte meine Krankheiten diagnostizieren, indem er einfach einen Schuh oder einen Gürtel von mir in die Hand nahm. Ich musste gar nicht erst persönlich zu ihm gehen, sondern schickte ihm nur ein Kleidungsstück. Allerdings kümmerte er sich nie um Leute, die über fünfzig waren. Seiner Ansicht nach war das Zeitverschwendung, weil sie sowieso bald sterben würden. Ich bedaure es bis auf den heutigen Tag, dass wir ihn nicht mitgenommen haben, als wir 1959 aus Tibet flohen. An dem Tag, bevor ich Lhasa verließ, bat ich ihn, mir ein großes Quantum Medizin zu bringen, was er auch tat. Er war noch in Changseshar, und ich konnte ihm keine entsprechende Botschaft zukommen lassen, sonst hätten die Dienstboten womöglich Wind von unseren Plänen bekommen.

26.

Buddhas Geburtstag

1956 unternahmen wir mit Seiner Heiligkeit eine Pilgerfahrt nach Indien.[16] Es war das Buddha-Jayanti-Jahr (in diesem Jahr wurde der zweitausendfünfhundertste Geburtstag Buddhas begangen). Zusammen mit Tausenden Tibetern brachen wir im neunten Monat auf. Wir fuhren mit dem Auto nach Gangtok. Das dauerte fünf Tage. Seine Heiligkeit reiste von dort per Flugzeug direkt weiter nach Bombay, die Familie und ich fuhren zunächst nach Kalkutta. Gyalo Thondup und Tsering Dolma flogen dann von Kalkutta aus nach Bombay, Varanasi und Bodh Gaya.

Danach reisten wir nach Kalimpong, wo wir im Haus des Radscha Dorje zu Gast waren. Der dreizehnte Dalai Lama war ebenfalls einmal hier gewesen. Während einer einmonatigen Pilgerreise suchten wir alle großen Städte auf und machten eine Bahnrundreise durch Südindien. Mein Sohn Samten musste sich am Blinddarm operieren lassen, mein Neffe ließ sich in Bhakra Nangal die Mandeln herausnehmen. Alle drei oder vier Tage kochte ich heimische Speisen. Seine Heiligkeit und seine beiden Lehrer verzehrten sie stets mit besonderem Genuss, da wir die meiste Zeit nur indisches Essen bekamen. Wir pflegten auf dem Bett liegend zu essen.

Bei unserer Rückkehr nach Tibet erwartete uns Schlimmes.[17] Die Chinesen hatten die Macht noch mehr an sich gerissen. Sie forderten, dass meine Söhne umgehend nach Tibet zurückzukommen hätten. Ich war in einer furchtbaren Angst und Aufregung und konnte weder essen noch schlafen. Meine Tochter und mein Schwiegersohn wurden gezwungen, kommunistische Propagandaversammlungen zu besuchen. Sie mussten Steine schleppen, beim Straßenbau mithelfen und Feldarbeit verrichten. Die Chinesen nahmen sich einfach, was sie wollten. Sie hatten sogar angefangen, unsere herrlichen Wälder zu roden. Alle Angehörigen des Adels mussten schwere körperliche Arbeit leisten. Madame Ragashar schwor immer wieder, sie werde sich weigern, und wenn es sie das Leben kosten sollte. Doch später wurde auch sie im Rahmen der Frauenvereinigung dazu gezwungen.

Die Chinesen kamen auch zu mir nach Changseshar. Sie teilten mir mit, dass die Gebäude für Verwaltungsbüros genutzt werden sollten. Ich sagte, sie könnten sie haben, ich sei allein und brauche ohnehin nicht so viel Wohnraum. Sie wollten mir Geld dafür geben, doch ich lehnte ab. Da meinten sie, wenn ich kein Geld annähme, würden die Leute später sagen, sie hätten mir mein Eigentum weggenommen. Sie versprachen sogar, Strom ins Haus zu legen. Ich bekam Geschenke und sollte unter allen Umständen für ihre Sache gewonnen werden. Sie erboten sich, sich um mich zu kümmern, wo meine Kinder doch so weit weg seien. Ich könnte jederzeit für den Winter nach Kalimpong fahren und dort in einem Haus, das sie gekauft hätten, Ferien machen. Die Sommer könnte ich dann immer in Lhasa verbringen. Sie würden die gesamten Kosten tragen. Ihren Behauptungen nach erstreckte sich ihr Herrschaftsbereich bis nach Siliguri, südlich von Kalimpong. Ich schwieg zu diesen ganzen scheinheiligen Vorschlägen.

Von da an tauchten sie ständig bei mir auf, wann immer es ihnen passte. Jedes Mal, wenn es hieß, sie würden vorbeikommen, zitterte ich schon am ganzen Leibe vor Nervosität und fragte mich ängstlich, worüber sie wohl diesmal reden wollten. Wenn sie dann endlich wieder fort waren, fühlte ich mich wie erlöst und stieß einen Seufzer der Erleichterung aus. Ich lebte in einem Zustand ständiger Todesangst. Die ganze Zeit musste ich aufpassen, was ich sagte, damit ich nicht irgendjemand anderem womöglich durch ein unbedachtes Wort schadete.

Dauernd wurde ich bedrängt, irgendwelche Versammlungen, Gemeinschaftsessen, Filmvorführungen und Ähnliches zu besuchen. Ich ging niemals hin, wenn es sich irgendwie vermeiden ließ und sie nicht ausdrücklich darauf bestanden. Durch diese Zurückhaltung fiel ich sehr bald in Ungnade. Ich pflegte mich damit zu entschuldigen, dass ich schon von Kind auf Amüsements verabscheut habe oder dass ich krank sei. Als ich mich unter dem Vorwand, dass ich schwache

Augen hätte, weigerte, mir Filme anzusehen, brachten sie sogar einen Filmprojektor nach Changseshar angeschleppt, um mir ihre Filme vorzuführen. Immer wieder ritten sie darauf herum, dass ich ihre Versammlungen besuchen müsse. Ich wandte ein, dass das wenig Sinn habe, da ich weder lesen noch schreiben könne. Ich bot ihnen an, ihnen stattdessen ihre Zimmer und Büros zu putzen und die Wäsche zu machen, wenn sie wollten. Schließlich wies ich sie ironisch darauf hin, dass es ohnehin sinnlos sei, mich einzuladen, weil ich doch bloß einen Extrastuhl beanspruchen und von ihrem Tee trinken würde. Danach ließ man mich endlich in Ruhe.

27

Flucht ins Exil

Allmählich wurde das Leben in Lhasa unerträglich und wir begannen an Flucht zu denken. Die Entscheidung, das Land zu verlassen, fiel im achten oder neunten Monat des Jahres 1958. Ich wohnte damals mit meiner Mutter in Changseshar. Meine Tochter und mein Schwiegersohn waren ganz in der Nähe im Hause des Oberkommandierenden untergebracht.

Schon seit Monaten hatten meine Tochter und ich bis tief in die Nacht hinein diverse Fluchtmöglichkeiten erwogen. Heute muss ich fast lachen, wenn ich an die vielen, zum Teil völlig verrückten Pläne denke, die wir schmiedeten. Einmal schlug meine Tochter vor, wir sollten als Nonnen reisen und uns die Köpfe scheren. Ich hielt das nicht für durchführbar, aber sie meinte, es könnte klappen, wenn wir sagten, wir seien auf einer Pilgerreise. Sie schlug außerdem vor, wir sollten uns dunkle Farbe ins Gesicht schmieren, damit die Leute uns nicht erkannten. Schließlich überzeugte uns Seine Heiligkeit, dass unsere Pläne unrealisierbar seien. Im Falle einer Flucht müsse jeder Schritt sorgfältig überlegt sein, damit wir auf keinen Fall gefasst würden. Er meinte, wir sollten uns noch eine Weile gedulden, die Zeit sei noch nicht reif dafür.

In der Zwischenzeit erfuhr ich von der Schwester des Karmapa[18], dass ihr Bruder das Land verlassen wolle. Sie bat mich, Seine Heiligkeit von diesem Vorhaben in Kenntnis zu setzen. Der Karmapa hatte bereits seine gesamte Habe nach Bhutan schaffen lassen und ging kurz darauf nach Indien, weil die Chinesen ihm das Bleiben unmöglich gemacht hatten. Die ständigen Schikanen, denen er ausgesetzt war, erreichten ihren Höhepunkt, als die Chinesen sein Kloster beschossen. Der auf einem Berg gelegene Bau war den Angriffen schutzlos ausgeliefert. Die Schwester des Karmapa bat mich auch, Seine Heiligkeit im Namen ihres Bruders anzuflehen, dass er Tibet unbedingt verlassen müsse. Wir sollten mit ihr und ihrem Bruder nach Indien gehen.

Ich gab ihr zur Antwort, dass ich nicht fort könne, solange Seine Heiligkeit noch in Tibet war. Ich beruhigte sie aber, dass auch wir vorhätten zu gehen, wenn wir auch noch nicht wüssten, wann, und dass ich Seiner Heiligkeit ihre Nachricht auf jeden Fall übermitteln würde. Das war im elften Monat. Inzwischen konsultierte Seine Heiligkeit die Staatsorakel. Sie blieben dabei, dass der Augenblick zur Flucht noch nicht gekommen war. Endlich ließen sie Seine Heiligkeit wissen, der neunzehnte März, zwischen einundzwanzig und dreiundzwanzig Uhr, wäre ein günstiger Zeitpunkt zum Aufbruch.

Am zehnten März saß ich, mit Stricken und Nähen

beschäftigt, in Changseshar und überwachte nebenbei das Färben von Stoffen. Da trat eine alte Freundin aus Amdo ein und fragte mich entgeistert, warum ich mich noch mit solchen Unwichtigkeiten abgäbe. Ob ich denn überhaupt nicht mitbekommen habe, dass ein Aufstand in der Luft lag? Seine Heiligkeit war zu einer Festlichkeit in die chinesische Militärkommandantur »eingeladen« worden und sah keine andere Möglichkeit, als der Aufforderung Folge zu leisten. Die Bevölkerung von Lhasa hatte daraufhin einen Blockadering um den Norbulingka gebildet, um ihn am Verlassen des Palastes zu hindern.[19] Die Menschen waren bewaffnet, und diejenigen, die keine Waffen trugen, hatten wenigstens Mistgabeln mitgebracht. Mein *chang-zo*, mein Haushofmeister, war genauso ahnungslos wie ich hinsichtlich der Vorgänge und saß noch in aller Ruhe über seinen Büchern.

Meine Freundin meinte, ich müsse sofort zum Norbulingka mitkommen. Mein *chang-zo* sagte, er werde rasch alle Eingänge und Tore verrammeln, weil die Leute auch nach Changseshar strömen würden. Das Gebiet um den Sommerpalast war ein einziges Chaos, und die Menschen schrien und baten Seine Heiligkeit in Sprechchören, nicht zu gehen. Sie sagten, er dürfe den Palast nur über ihre Leichen verlassen. Keine kommunistischen Mannschaftswagen oder Uniformierte wurden in der Nähe des Norbulingka geduldet. Wer dem Mob nahe kam, wurde mit Steinen beworfen und verprügelt. Mein Schwiegersohn hatte mir ein Auto geschickt, und weil der Fahrer, Lhakpa, eine chinesische

Uniform trug, wurde er fast zu Tode gesteinigt. Zum Glück erkannte ihn jemand aus der Menge und gebot den Gewalttätigen Einhalt.

Mein Schwiegersohn war mitgefahren, um meine Tochter und mich zum Norbulingka zu bringen. Sämtliche Straßen waren von Khampa-Kämpfern verbarrikadiert, um ein Durchbrechen der Chinesen zu verhindern. Sogar meine Tochter und mein Schwiegersohn mussten einen Passierschein von den Streitkräften vorweisen, sonst hätte die Menge sie nicht durchgelassen. Die beiden sagten, ich müsse sofort weg. Mir blieb keine Zeit, auch nur das Geringste zu packen. Als ich das Haus verließ, ahnte ich nicht, dass ich Changseshar und meine Mutter zum letzten Mal gesehen hatte.

Ich erfuhr nun, dass die Chinesen meinen Sohn Tendzin Choegyal aus dem Kloster Drepung zu einer Festlichkeit in ihr Militärhauptquartier geholt hatten. Sie waren auch zu mir nach Changseshar gekommen und hatten mich holen wollen. Acht Männer und vier Frauen standen bewaffnet vor der Tür. Als sie jedoch versuchten, in meine Privaträume vorzudringen, hielt mein *chang-zo* sie mit Gewalt zurück. Er sagte, es gehe mir gar nicht gut. Das trug ihm einen hasserfüllten Blick ein, doch die Gruppe machte kehrt und verließ das Haus, wie sie gekommen war.

Meine Angst um Tendzin Choegyal war groß. Ich war überzeugt, dass man ihn in Gewahrsam hielt, weil Seine Heiligkeit und ich der Festlichkeit nicht beigewohnt hatten. Den ganzen Tag hörte ich ihn *amala, amala* rufen, als ob er leide. Als ich es nicht mehr aushielt, schickte ich Spione aus, die versuchen sollten, in die Büros der Chinesen zu spähen, doch alles, was sie sehen konnten, war ein chinesischer Offizier, der eine martialische Rede hielt und mit der Faust auf den Tisch schlug. Es waren viele tibetische Adlige dort, aber keine Spur von meinem Sohn. Wir fürchteten schon, sie würden ihn nach China verschleppen, doch zu unserer großen Überraschung schickten sie ihn gegen Abend nach Drepung zurück. Sein *chang-zo* passte ihn auf dem Weg ab und brachte ihn zu uns.

Nun saßen wir alle halbwegs sicher im Norbulingka. Niemand durfte herein und es gab keinerlei Kontakt zu den Chinesen. Ich hörte, dass es Straßenkämpfe gegeben hatte und viele Menschen umgekommen waren. Das Kloster Chensalinka wurde von den Chinesen beschossen und in Drepung wurden sieben Mönche getötet. Khampa-Soldaten kontrollierten zum Glück den Fluss. Hätten sie sich nicht in den Besitz der Boote bringen können, wäre uns die Flucht unmöglich gewesen, weil die Chinesen alle Straßen besetzt hatten.

Jeden Morgen kamen unsere Angestellten von Changseshar und brachten uns Milch, Brot und andere Lebensmittel. Jeder Bedienstete musste ein gelbes Abzeichen tragen, das er vom Volk erhalten hatte, sonst wäre er nicht durchgelassen worden. Die ganze Zeit über hielt das Volk Tag und Nacht Wache vor dem Norbulingka. Ich hatte in Changseshar alles verschlossen und die Schlüssel, in Seide gewickelt, mit einer kurzen Mitteilung für meinen *chang-zo* dort gelassen. Diese Mitteilung rettete ihm wahrscheinlich das Leben. Nach unserer Flucht nahmen ihn die Chinesen ins Verhör. Sie glaubten ihm nicht, dass er nichts von unseren Plänen gewusst hatte, und wollten ihn schon foltern, als er mein Schreiben vorwies. Ich schrieb darin, dass ich die Schlüssel in seine Hände lege, und trug ihm auf, sich um das Haus zu kümmern. Ich hatte auch geschrieben, dass ich fortgehe, aber nicht wisse, wohin.

Am schlimmsten war für mich, meine Mutter ohne ein Wort der Erklärung zurückzulassen. Doch ich musste einsehen, dass sie mit ihren siebenundachtzig Jahren nicht mehr rüstig genug für eine Flucht zu Pferd war. Außerdem waren wir im Norbulingka und sie in Changseshar. Sie hasste die Kommunisten erbittert und schimpfte immer auf sie. In ihren Augen war es höchst ungerecht, dass sie ihr ihr Eigentum wegnahmen, das sie und ihr Mann sich mit Mühe und Arbeit geschaffen hatten.

Ich konnte nicht einmal ein paar Kleidungsstücke aus Changseshar mitnehmen, sonst wären die Dienstboten misstrauisch geworden. Einmal versuchte ich, ein Mädchen nach Changseshar zu schicken, um mir einen dicken Pelzmantel für die Reise bringen zu lassen, doch sie wurde an den Toren vom Norbulingka so eingehend nach dem Zweck ihres Kommens befragt, dass sie unverrichteter Dinge umkehren musste. Zwei Tage vor dem Aufbruch wurden unsere Pferde unter dem Vorwand, dass sie Mist holen sollten, auf die andere Seite des Flusses gebracht. Unser spärliches Gepäck und etwas Proviant wurden ebenfalls mit hinüber geschafft.

Meine Tochter und ich waren unter den Ersten, die den Norbulingka am Neunzehnten verließen. Wir waren beide als Soldaten verkleidet. Ich hatte mir den Fellanzug meines Schwiegersohnes geborgt, um mehr wie ein Mann auszusehen. Wir trugen Männerstiefel, die wir mit Schlamm eingerieben hatten, um sie alt aussehen zu lassen. Selbst meine Mütze war von einem der Diener geliehen. Über der Schulter trug ich ein kleines Spielzeuggewehr, das am Tag niemals als echt durchgegangen wäre, bei Nacht aber nicht weiter auffiel. Meine Tochter war ebenfalls wie ein Mann angezogen, auch mein Sohn war als Soldat verkleidet. Wir hatten die ganze Nacht des Achtzehnten wach gesessen und ihm einen Anzug für die Reise genäht.

Gegen zwanzig Uhr fünfundvierzig verließen wir das Areal durch eine Seitenpforte. Seine Heiligkeit kam fünfzehn Minuten später, gefolgt von seinen beiden Lehrern und Mitgliedern des Kashag. Seine Heiligkeit war ebenfalls als Soldat verkleidet. Er ging als Untergebener hinter meinem Schwiegersohn her. Obwohl wir von Kommunisten umzingelt waren, war uns das Glück in jener Nacht hold. Dichter Nebel sorgte dafür, dass wir unentdeckt durchschlüpfen konnten. Es war, als ob die Götter den Chinesen Augen und Ohren zugehalten und ihr klares Denken lahm gelegt und uns durch diese Feuerprobe geholfen hätten. Als wir am chinesischen Hauptquartier vorbeikamen, waren alle Räume hell erleuchtet. Die Chinesen waren immer noch in ihren Büros, arbeiteten und hielten Versammlungen ab.

In Booten aus Häuten überquerten wir den Fluss Tsangpo und warteten auf der anderen Seite auf die Gruppe Seiner Heiligkeit. Hier bestiegen wir unsere Pferde. Wir waren insgesamt etwa hundert Personen und der Klang der Pferdehufe auf dem Uferkies tönte in meinen Ohren wie Donnergrollen. Ich murmelte unablässig Gebete und beschwor die anderen immer wieder, möglichst leise zu sein. Es kam einem Wunder gleich, dass die Chinesen das Hufgetrappel nicht hörten.

Die Angst, dass die Chinesen unser Fehlen bemerkten, saß uns dermaßen im Nacken, dass wir in Galopp fielen, sobald wir den Tsangpo hinter uns gelassen hatten. Dagegen war das Hufgeräusch vorher ein Flüstern gewesen! Doch offensichtlich kam unsere Flucht erst am Zweiundzwanzigsten, drei Tage später, an den Tag. Erst jetzt erzwangen sich die Chinesen mit Granatfeuer Einlass in den Norbulingka. Ein kurzer Blick sagte ihnen, dass Seine Heiligkeit nicht mehr hier war. Danach suchten sie in Chensalinka und dann in Chomo Lungna und Drepung nach ihm.

Infolge unserer Flucht kam es in Lhasa zu einem schrecklichen Blutvergießen. Einer unserer Bediensteten, der nach uns aus der Stadt floh, berichtete mir später, die Straßen hätten sich angefühlt, als ob man über getrocknete Erbsen gehe. Kilometerweit lagen leere Patronenhülsen verstreut.

Der Kashag hatte uns streng angewiesen, nichts mitzunehmen. Wir hatten deshalb nicht einmal Proviant bei uns. Nun sahen wir, dass viele von den anderen durchaus etwas von ihren Habseligkeiten mitgenommen hatten und auch Vorräte mitführten. Das Einzige, was ich gerettet hatte, war eine Wolldecke, die mir auf der Reise gute Dienste leistete, und etwas *tsampa*.

Wir hatten den Tsangpo um Mitternacht überquert. Von Mitternacht bis neun Uhr vormittag ritten wir ohne größere Pause in schnellem Tempo durch. Ich hatte weder Schal noch Sonnenbrille, und da ich kurze Männerhosen trug, fror ich erbärmlich. Als wir in Chitsusho Halt machten, konnte ich aus einer Mischung von Kälte, Ermüdung und Wadenkrämpfen kaum noch stehen. Es war sehr windig und der Staub legte sich in einer dicken Schicht auf mein Gesicht. Eine ganze Woche sollte vergehen, bis ich mir wieder das Gesicht waschen konnte. Meine Haut begann sich zu schälen, weil ich keinen Schutz gegen den Wind und die Staubstürme hatte.

Die *miser* und Bauern unterwegs waren rührend zu uns. Sie brachten uns Essen und alles an Ausrüstung, was sie entbehren konnten. Es war wirklich bewegend. Sogar Schuhe und Pullover schleppten sie herbei, während ihnen gleichzeitig vor Kummer über das Schicksal Tibets die Tränen übers Gesicht liefen. Wir reisten in zwei Abteilungen. Eine Gruppe ritt voraus, und sobald die zweite aufschloss, machte sich die erste wieder auf den Weg.

Etwa zweihundert bewaffnete *khampas*[20] eskortierten uns. Hätten wir sie nicht dabeigehabt, hätten wir uns viele Male verirrt. Auch so nahmen wir manchmal den falschen Weg, mussten wieder umkehren und verloren kostbare Zeit. Einmal sahen wir in der Ferne Pferde, die auf uns zukamen. Panik überfiel uns und wir dachten sofort an die Chinesen. Zu unserer Erleichterung war es jedoch nur eine Schar von *khampa*-Soldaten, die nach uns Ausschau hielt. Da wir die Vorhut bildeten und der anderen Gruppe eine Tagesreise voraus waren, berichteten wir ihnen, dass Seine Heiligkeit bald nach uns eintreffen werde.

Als wir nach Tsonadzong kamen, hörten wir plötzlich das Geräusch eines sich nähernden Flugzeugs. Wieder fürchteten wir das Schlimmste. Alle sprangen rasch vom Pferd und warfen sich flach auf den Boden. Meine Tochter schrie mir zu, ich solle mich unter mein Pferd ducken. Das Flugzeug flog über uns hinweg, ohne seinen Kurs zu ändern. Später erfuhren wir, dass es von der indischen Regierung ausgeschickt war, um nach uns auszuspähen.

Seine Heiligkeit kam nur langsam voran, weil immer wieder Gläubige ihn sprechen wollten. Viele Menschen verließen Tibet und gingen nach Indien, als Seine Heiligkeit das Land verließ. Die meisten Leute wussten jedoch nichts von unserer Flucht, weil wir bei Nacht durch ihr Gebiet kamen und daher unsichtbar blieben. Als wir schließlich in Sanda ankamen, konnte ich mich kaum noch aufrecht halten, so sehr fror ich. Die Dorfbewohner luden uns gastfreundlich in ihre Häuser ein, doch wir konnten nicht bleiben.

Über Ramaka und Sanda gelangten wir nach Chidisho. Der Ort war in Tibet schon immer berühmt für seine handgewebten Wollstoffe. Seine Heiligkeit musste lachen, als er mich sah, weil ich immer noch in Männerkleidung herumlief. Er sagte, es sei sicher schrecklich für mich gewesen, aber nun stehe alles durchaus gut und diese Prüfung sei bald vorüber. In Chidisho übernachteten wir zum ersten Mal. Weil wir keinen besseren Platz fanden, schliefen wir über dem Schweinekoben. Endlich wechselte ich die Kleider. Blieben wir danach irgendwo über Nacht, so buk ich immer Brot für den nächsten Tag. Mit *tsampa* und *thukpa* hielten wir uns am Leben.

Nachdem wir Chidisho hinter uns gelassen hatten, entspannten wir uns ein wenig. Die Chinesen waren nun weit hinter uns. Die *khampa*-Krieger ritten uns voraus, um uns den Weg freizuhalten, und schossen jeden Chinesen nieder, der ihnen vor den Lauf kam. In Yarto Takla kamen viele einheimische Orakel zu unserem Zug. Sie fielen in Trance und sagten, es bestehe nun keine Gefahr mehr, wir würden wohlbehalten nach Indien kommen.

28.

Zuflucht in Indien

In Tawang, unmittelbar hinter der Grenze, warteten indische Beamte auf uns und bereiteten uns einen großartigen Empfang. Niemand in Indien hatte gewusst, dass wir Lhasa verlassen hatten, außer meinem Sohn Gyalo Thondup, der in Kontakt mit den *khampas* stand. Der indische Beamte in Tawang sprach ein bisschen Chinesisch. Mein selbst gebackenes Brot mundete ihm offensichtlich, denn er wiederholte immer wieder »*hang-hao*« (»sehr gut«). Nach drei Tagen Aufenthalt reisten wir nach Bomdila. Von dort aus ging es nach Tezpur, wo uns Gyalo Thondup und hohe Regierungsbeamte einschließlich des Ministerpräsidenten Nehru erwarteten. Seine Heiligkeit hielt mehrere Ansprachen. Unser nächstes Ziel war Siliguri, wo uns viele Tibeter enthusiastisch begrüßten. Als ich endlich meine Tochter und meine Enkelkinder in die Arme schloss, konnte ich kein Wort hervorbringen. Nur die Tränen liefen mir über die Wangen.

In Mussoorie gab es erneut einen großen Empfang uns zu Ehren. Die indische Garde und Armee boten uns Sicherheit, und es war eine unendliche Erleichterung, sich endlich geborgen zu wissen. Die Regierung ging auf jeden unserer Wünsche ein und war sehr zuvorkommend. Endlich waren wir wieder beisammen und hatten Frieden. Die Chinesen waren weit, weit fort, und ich hatte keinen Grund mehr, in ständiger Angst zu leben, wie während der letzten Jahre in Lhasa. Wir machten lange Spaziergänge in den riesigen Parks und schauten uns Filme an. Im Restaurant bestellte ich mir mit Vorliebe Kaffee, ein Getränk, das ich in Lhasa nicht gekannt hatte. Was ich in Indien nicht mochte, waren die Rikschas. Mir missfiel, dass sie von Menschen gezogen wurden. In Mussoorie waren viele tibetische Flüchtlinge und wir blieben ein ganzes Jahr dort. Seine Heiligkeit gab während dieser Zeit zahlreiche Pressekonferenzen und sprach zu vielen Menschen über die Situation in Tibet.

Danach wurden wir nach Dharamsala gebracht, wo wir im Swargashram blieben. Das Haus war undicht und es regnete ständig herein. Vor Jahren, während meiner Chinareise, hatte ich mich einmal röntgen lassen. Die Ärzte meinten damals, ich hätte ein taschenartiges Gewächs im Hals, in dem sich Speisepartikel sammelten. Sie sagten, eigentlich sei eine Operation nötig, sie möchten mich jedoch wegen meines vorgerückten Alters lieber nicht operieren. Da die Sache mir nie Probleme gemacht hatte, glaubte ich ihnen kein Wort. Nach unserer Rückkehr nach Lhasa hatte ich dann aber bei einem Essen für die Chinesen plötzlich das Gefühl, als stecke mir etwas in der Kehle. Von da an hatte ich Schwierigkeiten beim Schlucken. In

Mussoorie konnte ich kaum noch etwas hinunter-bringen und in Dharamsala verschlechterte sich mein Zustand noch.

Seine Heiligkeit riet mir schließlich, mich im Ausland ärztlich in Behandlung zu begeben. Doch ich wollte nicht fort, weil ich dachte, dass ich bei der Operation sterben würde. Mein Sohn Norbu nahm mich mit zu einem Arzt in Kalkutta. Dieser stellte mir die gleiche Diagnose, wie ich sie in China erhalten hatte, und sagte, eine Operation sei unumgänglich. Ein englischer Arzt in Kalkutta bot mir an, mich in England zu operieren. Er sagte, meine Krankheit sei sehr selten. Sie befalle einen von zehntausend Menschen. Also kehrte ich nach Dharamsala zurück, um mich von Seiner Heiligkeit zu verabschieden. Auf dem Weg hatten wir einen Autounfall, weil ein Reifen platzte. Ich erlitt relativ schwere Verletzungen und war eine Stunde lang bewusstlos.

Nach dem Unfall war ich wie ein Kind. Ich konnte mich ohne Hilfe weder anziehen noch essen. Zehn Tage später reiste ich, begleitet von meinem Sohn Norbu und Frau Taring, nach England. Sie fungierte bei den Arztbesuchen als meine Dolmetscherin. Ich begab mich direkt in die Klinik. Zehn Tage lang wurden zunächst die Verletzungen behandelt, die von dem Autounfall herrührten, dann wurde ich operiert. Nach einer Woche konnte ich die Klinik verlassen. Norbu war schon zehn Tage nach unserer Ankunft in England wieder abgereist.

In dieser Zeit war mir Lady Gould, deren Mann bei der Britischen Botschaft in Lhasa gewesen war, ein großer Trost. Sie besuchte mich oft und nahm mich mit auf Spazierfahrten. Ich quartierte mich für drei Monate mit Frau Taring in einem Hotel am Meer ein. Frau Taring war sehr lieb zu mir, obwohl ich es ihr sicherlich oft nicht leicht gemacht habe. Manchmal stand ich mitten in der Nacht auf, weil ich Heißhunger auf tibetisches Essen hatte. Dann kochte mir Frau Taring etwas in der Hotelküche. Nach ein paar Fehlversuchen, über die wir sehr lachten, erwies sie sich als ausgezeichnete Köchin. Ich war restlos begeistert von dem Gasherd. So etwas hatte ich in Tibet nie gesehen. Das Hotelpersonal behandelte uns wie Familienmitglieder, und wir kochten oft für alle, was sie sehr genossen.

Eines Tages erhielten wir Besuch von der Polizei, die uns mitteilte, dass einige Räuber sich in der Gegend herumtrieben. Frau Taring bekam einen solchen Schreck, dass sie anfing, unsere Handtaschen hastig unters Bett zu stopfen. Ich sagte, wenn ein Dieb ins Zimmer kommen würde, würde er als Erstes unsere Handtaschen unter dem Bett sehen.

Wir verließen unser Hotel am Meer, das uns drei Monate eine Heimat gewesen war, nur ungern. Gyalo Thondup holte uns in England ab und nahm mich mit auf eine Reise durch Amerika, Japan und nach Hongkong. Seine Frau reiste mit uns. Als wir in Amerika ankamen, erfuhr ich, dass meine Mutter gestorben war. Wir blieben drei Wochen in New York, dann fuhren wir nach Washington und San Francisco, und danach flogen wir nach Japan und Hongkong, bevor wir nach

Indien zurückkehrten. Insgesamt war ich viereinhalb Monate fort.

Bei unserer Rückkehr nach Dharamsala fand ich meine Tochter schwer krank vor. Die Krankheit hatte sich schon zwei Jahre vor meiner Englandreise bemerkbar gemacht. Meine Tochter war Vorsteherin des Kinderheims für tibetische Kinder in Dharamsala. Damals dachten wir noch nicht an Krebs, doch sie litt ständig unter Magenschmerzen. Nun begab sie sich für zwei Monate nach Kalkutta in Behandlung, und ich ging mit ihr. Schließlich schickten wir sie auch nach England ins Krankenhaus. Zehn Tage nach ihrer Ankunft in England starb sie in der Klinik. In der Nacht, in der sie starb, hatte ich einen merkwürdigen Traum. Ich sah vor unserer Wohnung in Dharamsala Bettler in tibetischen Gewändern herumlungern, die nur lose an ihnen herabhingen und nicht von einem Gürtel zusammengehalten wurden. Mitten unter ihnen war meine Tochter und aß zusammen mit ihnen. Ich dachte noch ärgerlich, was macht sie da eigentlich? Dann schreckte ich hoch. Sie hatte ein blaues Kleid getragen, das lose an ihr herunterhing. Eine Vorahnung sagte mir, dass sie gestorben war.

Drei Stunden später bekamen wir das Telegramm. Als mein Schwiegersohn aus England zurückkam, fragte ich ihn, was meine Tochter angehabt habe, als sie starb. Er entgegnete, sie habe Minuten vor ihrem Tod ein blaues Brokatgewand getragen, in das sie sich lose gehüllt hatte. Sie wurde in England verbrannt und wir ließen Gebete für sie sprechen.

In ihren letzten Lebensjahren kümmerte sich Diki Tsering weiter um ihre zahlreichen Familienmitglieder, besonders um ihren jüngsten Sohn, Tendzin Choegyal. Sie achtete darauf, dass er im St.-Josephs-College in Darjeeling eine gute Ausbildung erhielt. Am Ende entsagte er dem Mönchstum, da er es unmöglich fand, das moderne Leben, in dem er aufgewachsen war, mit den Erwartungen eines klösterlichen Lebens zu vereinbaren. Er führt heute eine Pension in Dharamsala.

Norbu übernahm 1960 eine Lehrtätigkeit an der University of Washington in Seattle. Dort beschloss er ebenfalls, den Mönchsstand aufzugeben und zu heiraten. Er ist mittlerweile emeritierter Professor an der Indiana University und Autor zweier Bücher, Tibet is my country und Tibet. Auch Lobsang Samten heiratete und führte bis zu seinem Tod im Jahr 1985 das Tibetan Medical Center. Tsering Dolma war bis zu ihrem Tod Vorsteherin des Tibetan Children's Village, eines Heims für Waisen und Kinder aus zerrütteten Familienverhältnissen. Danach übernahm Jetsun Pema ihren Posten. Sie verfasste eine Autobiographie, Tibet, my story, die 1997 erschien. Gyalo Thondup, ein einflussreicher Politiker der tibetischen Exilregierung und erfolgreicher Geschäftsmann mit internationalen Verbindungen, warb bis zu seinem Ruhestand weiterhin in der ganzen Welt um Unterstützung für die tibetische Sache.

Diki Tserings Gesundheit war in ihren letzten Jahren nicht besonders gut. 1980 kam ihre Schwester aus Tibet auf Besuch und brachte ihr schlimme Nachrichten über die Geschehnisse und Zustände dort. Die Menschen, die ihr nahe standen, sagten, sie habe sich nie von dem Schlag erholt, hören zu müssen, dass so viele Menschen, die sie geliebt hatte, umgekommen waren, und so viele Orte, an denen sie hing, zerstört sind.

Sie starb im gleichen Winter in ihrem Heim Kashmir Cottage in Dharamsala. Ihr Sohn Lobsang Samten und Tendzin Choegyals Frau Rinchen waren bei ihr. Als Seine Heiligkeit sie zum letzten Mal besuchte, sagte er zu ihr, sie brauche keine Angst zu haben, und sie antwortete, sie empfinde auch keine. Er riet ihr, über das heilige thangka-Gemälde an ihrer Wand zu meditieren und ihre Gebete zu sprechen. Als es mit ihr zu Ende ging, wollte sie sich aufsetzen und starb so, in der Meditation. Ihr einziger Kummer war, dass nicht alle ihre Kinder bei ihr sein konnten. Die ganze Familie fand sich zusammen, um sie zu betrauern. Sie wurde in Dharamsala verbrannt und überall auf der Welt beteten Tibeter für sie.

Nachwort

Man könnte sagen, dass das Leben meiner Großmutter bunt und abenteuerlich war. Aber man könnte genauso gut sagen, dass es ein sehr einfaches, schlichtes Leben war. Eine ihrer bleibendsten Hinterlassenschaften an uns war jedenfalls durchaus bescheidener Natur. Es war *thukpa tientu* (gewellte Nudeln), ein typisches Amdo-Gericht, das sie oft für die Familie kochte. Sie brachte meinem Vater bei, wie man es zubereitet, er lehrte es mich, und ich lehrte es wiederum meine Tochter.

Man schneidet dafür Hammelfleisch klein und gart es mit etwas Pfeffer und Salz. Es soll weich werden, aber noch Biss haben. Wenn mir das Fleisch zu weich geriet, gab es regelmäßig Streit. Ich hatte ewig damit zu kämpfen, die Fleischbeschaffenheit richtig hinzubekommen. Dann wird frischer Teig mit etwas Öl verknetet und zu dünnen, flachen Nudeln ausgerollt, die in die kochende Brühe geworfen werden. Man legt den Deckel auf den Topf, und beim ersten Brodeln nimmt man ihn wieder ab, sonst werden die Nudeln matschig. Der richtige Zeitpunkt ist entscheidend.

Großmutter führte diese Suppe bei den tibetischen

Flüchtlingen in Indien ein. Sie wurde sehr populär und ist heute beinahe so etwas wie ein tibetisches Nationalgericht. Einfach jeder kocht sie. Ich glaube, es würde sie freuen, dass ihr Essen heute noch täglich Tausende von Tibetern satt macht.

Ihre größte Leistung, nicht nur für das tibetische Volk, sondern für die ganze Welt, bestand freilich darin, dass sie drei inkarnierten Lamas das Leben schenkte, darunter auch jenem Kind, das der vierzehnte Dalai Lama wurde. Seine Weitsicht und die beispielhafte Art, in der er sein Amt ausfüllte, haben der Menschenwürde und dem Weltfrieden fünfzig Jahre lang einen wichtigen Dienst erwiesen.

Als seine Mutter gestorben war, teilte Seine Heiligkeit ihr Verscheiden einer Versammlung von Gläubigen unter dem Bodhi-Baum in Bodh Gaya mit. Er schilderte, was für ein rechtschaffenes Leben sie geführt und wie viele *manis* (Sprechen des Mantras *Om mani padme hum*) sie in ihren letzten Lebensjahren aufgesagt hatte. Er sei nicht traurig, sagte er, weil er fest darauf vertraue, dass sie eine gute Wiedergeburt haben werde. Ich bin sicher, sie ist mit ihrem unbeugsamen Geist wieder bei uns und spendet allen Menschen um sie herum Trost.

Anmerkungen

1   Amdo liegt an der Grenze zu China. Seine Grenzen
    waren lange umkämpft. Obwohl hauptsächlich
    Tibeter dort siedelten, erhoben die Chinesen An-
    spruch auf das Gebiet, das bei ihnen Qinghai hieß.
    Seit dem 18. Jahrhundert wurden die Könige und
    Kriegsherren in Amdo häufig von der chinesischen
    Regierung unterstützt. Während Diki Tserings
    Kindheit wurde die Region von Ma Pu-fang regiert,
    einem chinesisch-muslimischen Kriegsherrn, der
    von China gestützt wurde.

2   Norbu war Diki Tserings zweites Kind. Er wurde
    1922 geboren.

3   Ein *stupa* ist ein Reliquienschrein für die Überreste
    des Buddha oder eines hohen Lamas.

4   Diki Tsering hatte bereits vier Kinder vor dem
    1935 geborenen Dalai Lama: Tsering Dolma kam
    1919 zur Welt, Thubten Jigme Norbu 1922, Gyalo
    Thondup 1928 und Lobsang Samten 1933. Zwei

weitere Kinder sollten noch kommen: 1940 Jetsun Pema und 1946 Tendzin Choegyal. Insgesamt brachte Diki Tsering sechzehn Kinder zur Welt, doch nur diese sieben überlebten das Säuglingsalter.

5 Manche Berichte nennen den 21. Juli 1939 als Abreisedatum.

6 Die Gruppe erreichte Lhasa am 8. Oktober 1939.

7 Ebenjenem Reting war auf der Wasserfläche eines Sees eine Vision erschienen, die schließlich zur Aufspürung des vierzehnten Dalai Lama geführt hatte.

8 Tsipon Lungshar war Laie und bekleidete eine sehr hohe Position. Er war einer der höchsten Beamten des Zollamtes und stand während der Herrschaft von Reting an der Spitze einer Reformbewegung.

9 Aus Sicht der Historiker war der Konflikt zwischen Reting und Taktra weniger ein persönlicher Machtkampf als der Schlusspunkt eines schon lange schwelenden politischen Zwists zwischen zwei Parteien. Die Kräfte um Taktra versuchten, eine starke zentralistische Machtausübung zu etablieren, gegen die sich manche Bevölkerungsteile auflehnten. Die Leute, die auf Retings Seite standen, wollten ihre einstige Macht zurück und suchten Unter-

stützung für ihre Bestrebungen beim nationalistischen China, was ihr Anliegen in den Augen vieler Tibeter besudelte. Im Verlaufe der Auseinandersetzungen wurde eine Bombe in Taktras Büro geschickt. Reting wurde in Haft genommen, weil er den Anschlag geplant haben sollte. Darauf folgte ein Aufstand von Mönchen im Sera-Kloster, die Reting treu ergeben waren. Die Regierung intervenierte und der Abt des Klosters wurde ermordet.

Die chinesische Volksbefreiungsarmee nutzte das allgemeine Chaos und die Spaltung im Volk für militärische und politische Ausfälle auf tibetisches Territorium. Die Führung des Landes hatte sich in der siebzehn Jahre währenden Interimszeit nach dem Tod des dreizehnten Dalai Lama bis zum Amtsantritt des vierzehnten Dalai Lama in einem Zustand der Unordnung oder gar Auflösung befunden, der gekennzeichnet war von Machtkämpfen zwischen rivalisierenden Parteien.

10 Kurz nachdem die Kommunisten Tschiang Kaischeks Nationalisten im Jahr 1949 vom chinesischen Festland vertrieben hatten, machten sie sich daran, Tibet »zu befreien«. Die tibetische Regierung suchte daraufhin Hilfe bei den Vereinigten Staaten, England und Indien, stieß jedoch überall auf taube Ohren. Im Herbst 1950 griffen die Kommunisten den Osten Tibets an. Kurz danach rieten das Nechung- und Gadong-Orakel dem Dalai

Lama, den Regenten Taktra abzulösen und selbst die Regierung zu übernehmen. Seine Heiligkeit zögerte zunächst angesichts seiner eigenen Jugend und der prekären Situation, kam dann jedoch zu dem Schluss, dass eine Einigung des Landes immer noch am ehesten zu erhoffen war, wenn er die Führung übernahm. So trat er Ende 1950 im Alter von fünfzehn Jahren sein Amt als Staatsoberhaupt an.

11 Während seiner Abwesenheit unterzeichnete die Regierung auf massiven Druck hin ein Siebzehn-Punkte-Abkommen mit den Chinesen. Darin wurden alle Ansprüche auf eine Unabhängigkeit Tibets aufgegeben, dem Land wurde jedoch regionale Autonomie zugestanden. Im August des Jahres kehrte Seine Heiligkeit nach Lhasa zurück und hoffte auf eine Besserung der Lage. Er war zu dem Entschluss gekommen, dass die einzig mögliche Antwort auf die chinesische Aggression für die zahlenmässig weit unterlegenen und schlecht gerüsteten Tibeter in der Gewaltlosigkeit bestand.

12 Anfang der fünfziger Jahre hatten die Chinesen neben ihren militärischen Vorstößen in Osttibet eine landesweite Indoktrinationskampagne gestartet. Propaganda plärrende Lautsprecher, die Gewährung zinsloser Darlehen für Bauern und der Bau neuer Krankenhäuser, Schulen und Straßen sollten dabei helfen, das monastische System zu

unterminieren und die Loyalität des Volkes der herrschenden Schicht gegenüber zu untergraben. Es war dem kommunistischen Regime besonders wichtig, unter der Duldung der Familie des Dalai Lama zu agieren, weil man davon ausging, dass andere dieser Haltung folgen würden. Die schließliche Machtübernahme wurde erleichtert durch eine Mischung aus innerer Uneinigkeit, tibetischem Isolationismus und mangelndem Interesse von Seiten der westlichen Welt.

13 Zu dieser Zeit lebten folgende Mitglieder der Familie in Indien: Gyalo Thondup mit Frau und Kindern sowie Jetsun Pema und Tsering Dolmas Kinder, die ein indisches Internat besuchten.

14 Die Chinesen glaubten, der junge, zukunftsorientierte Dalai Lama werde von den technologischen und wirtschaftlichen Fortschritten, die er in China zu sehen bekommen würde, einen günstigen Eindruck gewinnen und daraufhin zur Kooperation im Hinblick auf die chinesischen Entwicklungspläne für sein Land bereit sein. Seine Heiligkeit wiederum beschloss, die Einladung anzunehmen, weil er hoffte, die Chinesen durch seine Bemühungen um eine friedliche Koexistenz dazu zu bringen, sich an das Siebzehn-Punkte-Abkommen zu halten. Das tibetische Volk fürchtete jedoch um sein Leben und war tief bekümmert, ihn ziehen lassen zu müssen.

15 Die Chinesen hatten eine neue Straße von Chengdu nach Lhasa gebaut. Schwere Regenfälle hatten
jedoch ganze Abschnitte der Straße unterspült und
zu Erdrutschen geführt.

16 Seine Heiligkeit war unter anderem auch nach
Indien gereist, um bei Premierminister Nehru
Unterstützung für die tibetische Sache zu erbitten.
Es kam jedoch keine Hilfe. Die Familie drängte
Seine Heiligkeit, einen ständigen Aufenthalt in
Indien in Erwägung zu ziehen. Er hatte jedoch das
Gefühl, in dieser Zeit der Not unbedingt bei seinem
Volk sein zu müssen. Anfang 1957 kehrte er des-
halb nach Lhasa zurück. Diki Tsering blieb bis zum
August 1958 mit Norbu und Lobsang Samten in
Indien. Gyalo Thondup lebte zu diesem Zeitpunkt
bereits in Indien.

17 Mittlerweile hatten die chinesischen Kommunisten
die Maske der Gewaltlosigkeit fallen lassen. Im selben Maß, in dem die bewaffnete Eroberung des
Landes voranschritt, wuchs auch der Widerstand in
der Bevölkerung, zum Teil unterstützt von der CIA.

18 Seine Heiligkeit der Karmapa ist das Oberhaupt
der Kagyu-Schule, einer der vier Schulen des tibetischen Buddhismus.

19 Die Chinesen hatten darauf bestanden, dass Seine
Heiligkeit einer Theateraufführung beiwohnen

sollte, und zwar allein, ohne seine übliche Leib-
garde, was Befürchtungen Nahrung gab, dass ein
Entführungsversuch geplant war. Daraufhin strömten Tausende von Menschen zum Norbulingka,
seinem damaligen Aufenthaltsort, um ihm das
Verlassen des Palastes zu verwehren. Die Menge
wuchs allmählich auf dreißigtausend Menschen
an. Es war ein kritischer Wendepunkt in den angespannten Beziehungen zu den Kommunisten.

20 Die Krieger von Kham waren berühmt für ihre
Reitkunst und ihren leidenschaftlichen Widerstand
gegen die chinesischen Besatzer. Sie wurden eigens
zum Schutz des Dalai Lama und seines Gefolges auf
dem Weg nach Indien abgestellt.

Glossar

amala – Mutter

Amdo – hauptsächlich von Tibetern bewohntes, häufig von Stürmen heimgesuchtes Gebiet mit wilder Berglandschaft, weiten Grasebenen, Wäldern und Salzseen. Das ungesicherte Grenzland war immer wieder Ziel chinesischer Territorialansprüche, was zur Unterwanderung durch Chinesen und Moslems chinesischer Abstammung führte. Vom 18. Jahrhundert an wurde es von Königen und Kriegsherren beherrscht, die häufig von China unterstützt wurden oder gar in den Diensten Nationalchinas standen. In China hieß die Provinz Qinghai.

chang – Gerstenbier

Changseshar – »östlicher Garten«; Haus der Familie in Lhasa; auch *chensi-sha* genannt

chang-zo – Haushofmeister, zuständig auch für den Schriftverkehr

Choekyong Tsering – der Vater des Dalai Lama

Chokah – Jorkha, Churkha, zweiundzwanzig Kilometer von Taktser entfernt, Geburtsort von Sonam Tsomo *chuba* – weiter Rockmantel, von Männern und Frauen getragen

damaru – kleine zeremonielle Trommel

Darjeeling – indische Stadt im Himalaja; der Name ist eine Verballhornung des tibetischen »Dorje Ling« (»Ort des Donners«)

Dekyi Tsering – (»Meer des Glücks«), Name, den die Mutter des Dalai Lama bei ihrer Heirat vom Taktser Rinpoche erhielt

domadesi – Gebäck

Doma Yangzom – Diki Tserings Mutter

Drepung – bedeutendes Kloster

dri – Jakkuh

dzo – Kreuzung zwischen Jak und Rind; männliches Tier

dzomo – Kreuzung zwischen Jak und Rind; weibliches Tier

Gadong-Orakel – Staatsorakel

Ganden – bedeutendes Kloster

Guyahu – Tanantwan, Region, in der Sonam Tsomos Großvater einen Hof kaufte

Gyayum Chenmo – »Große Mutter«, ehrenvolle Anrede für die Mutter des Dalai Lama

hari – vasenförmiger Kopfschmuck; mit Edelsteinen besetzt und bis zur Taille reichend

Je Rinpoche – Tsongkhapa, buddhistischer Reformator, Gründer der Gelugpa-Sekte

Kalimpong – traditionelles Handelszentrum zwischen Tibet und Indien im Norden Bengalens

kang – eine Art Podest, beheizbar; Sitz- und Schlafgelegenheit

Kashag – das Kabinett des Dalai Lama; Ministerrat

Kumbum – bedeutendes Kloster; Marktstadt in der Nähe von Taktser

kyirong – Geist

labrang – religiöse Vereinigung

Lha gyal lo – »Sieg den Göttern«

lhamo – tibetische Oper

Losar – Tibetisches Neujahrsfest

Ma Pu-fang – chinesischer Kriegsherr, Gouverneur der Provinz Qinghai

miser – Leibeigene

Monlam – großes Gebetsfest während Losar

Namgyal-Kloster – im Potala-Palast

Nechung-Orakel – Staatsorakel

ngagpa – Priester

Ngari Rinpoche – religiöser Titel, Sohn von Diki Tsering; ursprünglicher Name: Tendzin Choegyal

Ngawang Changchup – Bruder von Choekyang Tsering, Schatzmeister von Kumbum

Norbu, Thubten Jigme – vierundzwanzigste Inkarnation von Taktser, einem Mönch und Lehrer aus dem 15. Jahrhundert

Norbulingka – («Juwelenpark«); Sommerresidenz des Dalai Lama

nyerpa – Vorratsverwalter

pangden – Schürze, die die vornehmen Damen in Lhasa trugen

patu – Kopfschmuck der vornehmen Damen in Lhasa

Potala-Palast – Residenz des Dalai Lama, umfasst das Namgyal-Kloster und die Regierungsgebäude

Reting – Regent; erster Mentor des Dalai Lama

Sera – bedeutendes Kloster

shape – Kabinettsminister

Sonam Tsomo – ursprünglicher Name von Diki Tsering

Taktra Rinpoche – Regent; ebenfalls ein Lehrer des Dalai Lama

Taktser – Ta-tse; Ji-ga-chuan Hunn-ne (»Brüllender Tiger«); eines von sechs Dörfern, das der Rechtsprechung des Klosters Kumbum unterstellt war; 3000 Meter hoch im Bergland gelegen; die Einwohnerschaft bestand aus ca. dreißig Familien, die eigenes Land bestellten

Taktser Rinpoche – der vorhergehende Träger des Titels starb kurz vor der Geburt von Tsering Dolma; seine nächste Inkarnation war Diki Tserings Sohn Norbu

Tashi deleg – Neujahrsgruß

Tashi Dhondup – Diki Tserings Vater

thangka – religiöse Gemälde auf Tuchrollen

thudam – Trance-Sitzung

thukpa – typisches Nudelgericht aus Amdo, durch Diki Tsering zum tibetischen Nationalgericht geworden

timomo – gedämpfte Klöße

tsampa – Brei aus geröstetem Gerstenmehl; Hauptnahrungsmittel der Tibeter

Tsongkha – Distrikt in Amdo; Geburtsort von Tsongkhapa

tulku – inkarnierter Lama; Anrede: Rinpoche (»Kostbarer«)

yuleg – Arbeitskräfte, die jeweils für ein Jahr angestellt wurden

Danksagung

Mein Dank gilt meiner Agentin, Eileen Cope, Rinchen Dharlo vom Tibet Fund, Janet Goldstein von Viking Penguin und natürlich Holly Hammond, die dem vorliegenden Buch seine Gestalt verlieh.

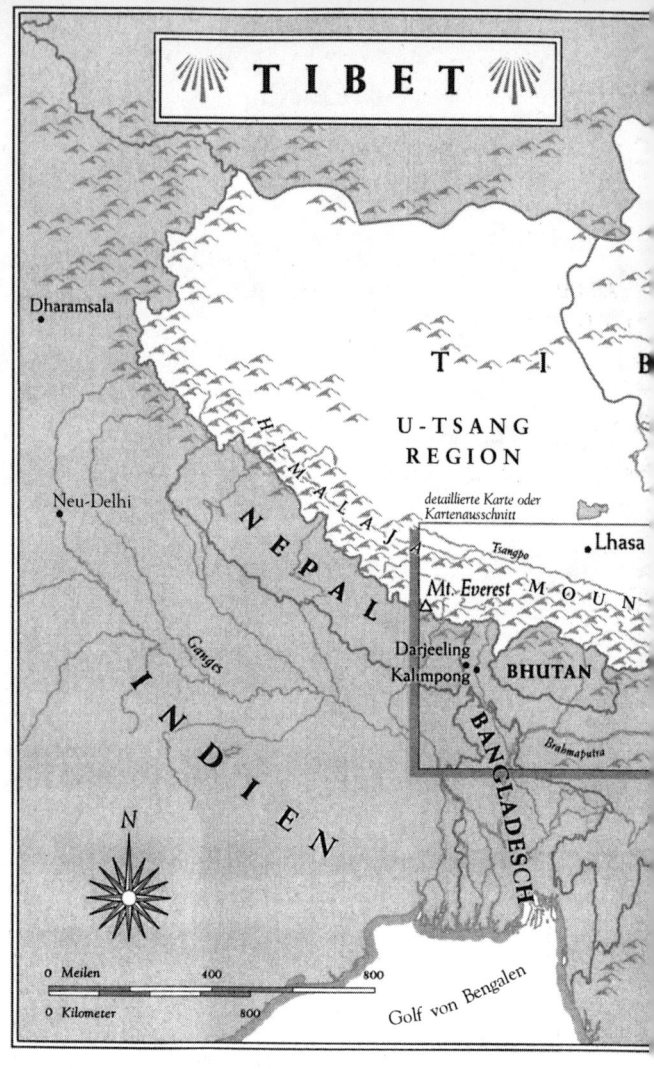

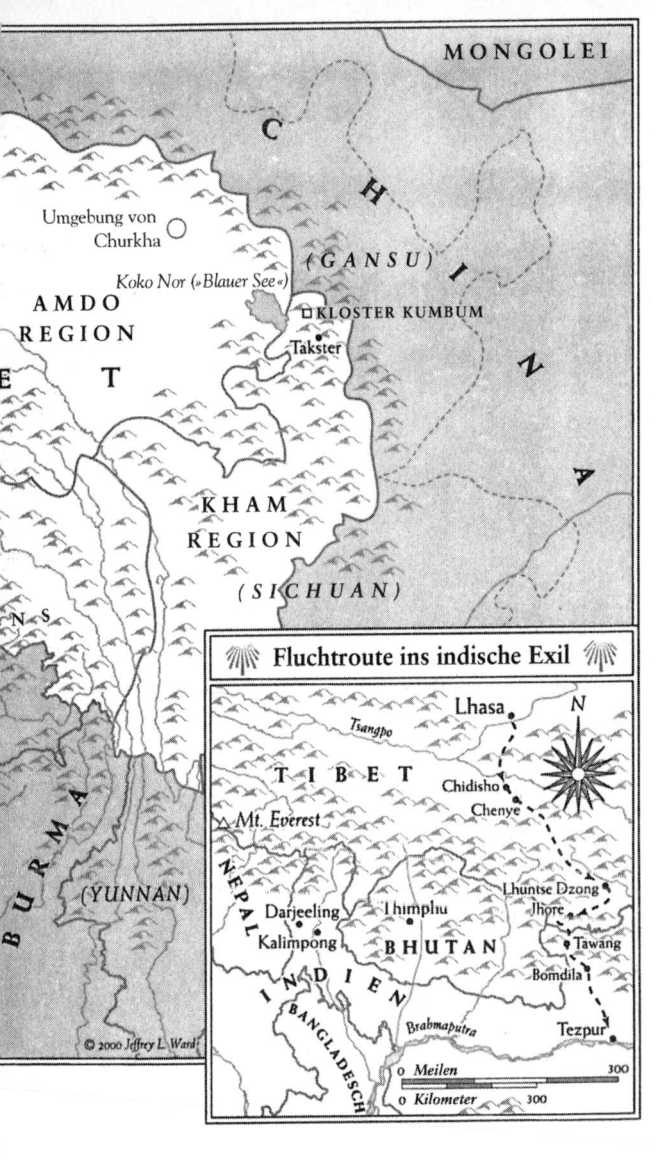

MONGOLEI

C H I N A

(GANSU)

Umgebung von
Churkha

Koko Nor (»Blauer See«)

AMDO
REGION

T

□ KLOSTER KUMBUM

Takster

KHAM
REGION

(SICHUAN)

BURMA

(YUNNAN)

N S

© 2000 Jeffrey L. Ward

☀ Fluchtroute ins indische Exil ☀

Lhasa

Tsangpo

T I B E T

Chidisho

Chenye

△ Mt. Everest

NEPAL

Darjeeling

Thimphu

Kalimpong

B H U T A N

Lhuntse Dzong

Jhore

Tawang

Bomdila

I N D I E N

Brahmaputra

Tezpur

BANGLADESCH

0 Meilen   300

0 Kilometer   300

N

Nach seiner spektakulären
Flucht über den Himalaja nach
Tibet lebte Heinrich Harrer als
einziger Europäer am
tibetischen Königshof
und wurde zum persönlichen
Freund des Dalai Lama.
Übersetzungen in mehr als
vierzig Sprachen und Auflagen
in Millionenhöhen ließen seine
Erinnerungen zu einem
Weltbestseller werden.

Heinrich Harrer

Sieben Jahre in Tibet
Mein Leben am Hofe des
Dalai Lama

Mit zahlreichen Abbildungen

Econ | **ULLSTEIN** | List

Die mächtige Eiger-Nordwand galt bis in die 30er Jahre hinein als unbezwingbar. Neun Menschenleben hatte sie bereits gefordert. Doch im Juli 1938 gelang Heinrich Harrer und seinen drei Gefährten das Unmögliche: die Erstbegehung der »Wand aller Wände«. In seinem legendären Buch erzählt er die faszinierende Geschichte dieses außergewöhnlichen Berges und berichtet von den größten Tragödien und Triumphen. Eine der packendsten Abenteuerreportagen des 20. Jahrhunderts.

»Ein erregendes Dokument des extremen Alpinismus.«
FAZ

Heinrich Harrer

Die Weiße Spinne
Das große Buch vom Eiger

Econ | **ULLSTEIN** | List

Als erste Europäerin lebte Alexandra David-Néel (1868–1969), die »Königin des Himalaja«, als buddhistischer Mönch verkleidet in Lhasa, der »Verbotenen Stadt« Tibets. Sie bereiste Burma, Nepal, Indien, China, Japan und Korea und ließ im Alter von über 100 Jahren noch ihren Reisepaß verlängern. In diesem außergewöhnlichen Buch berichtet sie aus Chinas wildem Westen: vom tibetischen Hirtenvolk der Is, dessen Kultur bei uns Europäern zur Zeit ganz besonderes Interesse findet. Kenntnisreich und sensibel schlägt sie die Brücke zwischen unserer Welt und dieser gänzlich fremden, faszinierenden und mythenreichen Kultur.

Alexandra David-Néel

Land der Is
In Chinas wildem Westen

Mit zahlreichen Abbildungen

»Ein sensationeller Reise- und Erlebnisbericht von einer der ungewöhnlichsten Frauen dieses Jahrhunderts.«
Die Welt

Econ | ULLSTEIN | List

Als weiße Frau in Afrika leben, die Anziehungskraft einer fremden Kultur spüren, hin und her gerissen sein zwischen westlichem Rationalismus und afrikanischer Spiritualität – dies sind die Erfahrungen von Ilona Maria Hilliges in Nigeria. Sie taucht ein in die mystische Welt des Schwarzen Kontinents – und trifft den Mann ihres Lebens. Doch ein mächtiger Clanchef bedroht sie mit Schwarzer Magie. Sie wehrt sich mit den Waffen ihres Gegners und unterwirft sich einem magischen Ritus: Sie wird zur »weißen Hexe«.

Der authentische Lebensbericht einer weißen Frau in der spirituellen Welt Afrikas.

Ilona Maria Hilliges

Die weiße Hexe
Meine Abenteuer in Afrika

Mit zahlreichen Abbildungen

Econ | **Ullstein** | List